米倉誠一郎

2枚目の名刺　未来を変える働き方

講談社+α《プラスアルファ》新書

◉目次

第1章　なぜいま「2枚目の名刺」なのか？

第5章 「2枚目の名刺」を使いこなす10の方法

編集協力：菊池徳行

第1章　なぜいま「2枚目の名刺」なのか？

本書では潜在的に大きな力をもったたくさんの人が、自分の可能性を諦めないために、「2枚目の名刺」を持つことを勧めたいと思う。まずその前に「寄り道」の話をしよう。

「寄り道」のすすめ

最近、寄り道が嵩《こう》じてバングラデシュやアフリカの貧しい国をよく訪れる。明日の食事にも事欠くような人々が多く暮らす国々に立ち寄るたびに、日本の若者たちはもっと自由に愉快に生きられるはずなのにと思う。

もちろん、日本も深刻な問題を諸々抱えてはいるが、基本的には平和で、安全で、食べ物も美味しい。本気で頑張れば欲しいものはなんとか手に入る。しかも、日本のパスポートは強い。ゼミの学生を連れてアジアやアフリカを訪ねることも多いが、留学生の場合はビザ取得のために長い時間を費やすことを強いられたり、入国を拒否されるケースも多い。

しかし、日本のパスポートをもっているだけで、そんなわずらわしさからは解放される。日本はいまや世界中のどこにでも大きな障害もなく出入国できる数少ない国の一つになっている。

一方、街中に溢れんばかりのモノ、モノ、モノ。日本は確かにさまざまな側面で豊かな国になったのだと思う。

国が豊かになったという最大の証は何なのだろう。たぶん、溢れるモノや強いパスポートではない。僕は、自分の思想や未来を自由に自分で選択できること（フリーダム・オブ・チョイス）、そしてその選択肢の多さだと思う。

卑近な例だが「金持ちになってポケットにいつも100万円を持っている」といっても、毎日最高級フレンチしか食べられないなら、それはまったく豊かとはいえない。

同じようにお金はあるが毎日ラーメンしか食べられないとしたら、これもまったく豊かではない。今日はフレンチ、明日はラーメン、明後日はたこ焼きとコンビニのおにぎりなど……。この選択肢の多様性こそが、実は豊かさを物語る指標だと思う。

もちろん日本は食という点では多様な選択肢があり、きわめて豊かである。しかし、僕たちの「人生」における選択肢は本当に豊かになったのだろうか。学校の選び方、就職の仕方、働き方、住みたい場所の選び方、そういった人生の根本的な部分での選択肢は本当に多く、豊かになったのだろうか。

パキスタンで女性が教育を受ける権利を訴え、2012年15歳のときにタリバンから銃撃されたマララ・ユスフザイさん（２０１４年ノーベル平和賞受賞）は、教育の重要性をずっと訴え続けている。有名な「一人の子供、一人の先生、一冊の本、一本のペンが世界を変えることが出来る」という言葉のほかにこんなことを言っていた。

「世界で一番強い国は、軍隊を持っている国でも、武器を持っている国でもありません。教育を受ける自由がある国です」と。彼女のこの言葉に同感すると共に、僕は「世界で一番豊かな国は、選択の自由と選択肢の多い国」だと思う。

教育を受ける自由。パキスタンの女性に比べれば、日本においてその自由は大いにあるとは思う。しかし、義務教育はともかく、高等教育に関して本当に日本は豊かになったのだろうか。いまだに大学の名前や偏差値が選択基準になっている。その大学がどのような教育理念を持ち、どのような教授がどのような教科を教えているのか。あるいは、世界の大学とのネットワークはどうなっているのだろうか。そういったことを調べて選択しようとしている高校や高校生は一体どのくらいあるのだろうか。

同じようなことが就職でも起こっていると言わざるを得ない。しっかりと会社の理念や業務内容、人材育成の方向性などを調べ込み、そこに自分の夢を重ね合わせて就職活動をしている学生はどのくらいいるのだろうか。大学生に話を聞いてみると、彼らのチョイスの驚くべき少なさにがっかりしてしまう。

就活中の彼らの頭の中には、大袈裟にいうと「何とかして大企業、有名企業に入りたい」という、単純・単一なチョイスしかないからだ。

マッキンゼーに「寄り道」した男

小沼大地《こぬまだいち》君というちょっと素敵な男の話をしよう。

小沼君は一橋大学の卒業生で、もともとは教師になりたかった。なぜかというと、野球が大好きで、「将来は中学校の野球部顧問」というモデストな夢を持っていたからだ。

もちろん、教師は素晴らしい職業だ。しかし、彼は大学を卒業してすぐに学校の先生になると視野が狭くなると考えて、まず大学院に進んだ。それでもまだまだ視野が狭いと考え、グローバルな体験をしようと青年海外協力隊に参加したのだった。もちろん、先生になるための視野拡大のイメージだった。

結果、中東シリアのNGOに派遣され、マイクロファイナンス、環境教育などのプロジェクトに従事することになった。その時ドイツから来たビジネス・コンサルタントたちが「プロボノ」として現地NGO支援プロジェクトをてきぱきと遂行している姿を目の当《ま》たり《あ》にしたのだった。プロボノとは、コンサルタント、会計士、弁護士等のいわゆる専門家（プロフェッショナル）が、職業上持っている知識・スキルや経験を活かして社会貢献するボランティア活動であり、またそういう人材を指す言葉である。

社会学部出身で社会科の教師志望であった彼は、その時はじめてビジネス・プロフェッショナルの力はすごいと開眼した。彼らの働きのおかげで村の経済状況や事務処理能力が確実によくなっていく。それればかりか彼らコンサルタント自身も実に活き活きと働いていることに驚いたのである。

彼は、こうした仕事のやり方は素晴らしいと思った。大学院に進学した彼よりも先に社会人になった日本の友人たちは、会社勤めの中で次第に元気を失っていたからだ。入社当初は、「日本を変える、会社を変える」と意気軒昂《けんこう》だった彼らも、数年が経過すると「小沼は現実が分かっていない」、「お前はいつまでも青い」などと白けていく。そんな友人たちに比べると、ドイツ人コンサルタントたちは自分たちの能力を精一杯利用し、目を輝かせて国際貢献している。彼らのおかげで、現地のＮＰＯ／ＮＧＯスタッフも同じように輝いていく。彼もこんな働き方をしたいと考えるようになっていった。

そのドイツ人に、「僕もあなたのような働き方をしたい、コンサルタントになりたい」と伝えると、「世の中にはたくさんのコンサルティング会社がある、マッキンゼーならば日本にも支社があるはずだ」と教えられる。単純な彼は「えー！　そうなんですか！」と興奮して、教師志望方針を大転換するのだった。この段階で、コンサルティング会社の世界的代名詞といっても過言ではないマッキンゼーという会社の名前すら知らないところが、彼の面白いところだ。

帰国してすぐ、彼はマッキンゼーの入社試験を受けに行くわけだが、常識からいえば受かるわけがない。マッキンゼーに入るために、経営戦略や経営組織論、マーケティングや統計学などを一生懸命勉強してきた優秀な学生たちが臨む面接だ。そんなことを何も知らない彼は、まさに徒手空拳ともいうべき状態で面接に臨んだのだった。

当時、小沼君の面接担当となったのが、後に『採用基準』というベストセラーを書いた採用マネジャーの伊賀泰代《いがやすよ》さんだったという。大学の専攻・成績からいっても、ビジネス知識からいっても採りようがない人材だが、伊賀さんの素晴らしいところは「この子は何だか面白そうだから採る」という判断を下したことだった。しかも、「3年したら会社を辞めて、新しい仕組みを創る」と公言していたにもかかわらずである。

「留職」という2枚目の名刺

公言通り、彼は約3年間マッキンゼーでみっちり働いた後、日本の企業人と途上国のNPO／NGOがともに働くことができる「クロスフィールズ」というNPOを立ち上げた。29歳だった。色々な分野（フィールド）の人が越境交流（クロス）するという想いから名付けたものである。活動内容は、彼がシリアで体験したことをベースに、大企業社員を途上国のNPOやNGOに一定期間派遣し、現地の人々と共に地域課題を解決するというものだ。**このプログラムはいまや「留職」という名前で呼ばれ、若手社員のリーダーシップや国際体験を育成する研修プログラムとして高い評価を得ている。ある意味日本のビジネスマンに2枚目の名刺を持たせる仕組みだ。**

さて読者諸氏は、大学院に行き、青年海外協力隊に参加し、方針転換後にマッキンゼーに入り、自らNPOを立ち上げた小沼君を、「寄り道しすぎ」だと思うだろうか。大学4年生で決まったように有名大企業に就職した同級生に比べて大きな損をしたと思うだろうか。あるいは小沼君のような人間を採用したマッキンゼーは損をしたと思うだろうか。

僕はそうは思わない。むしろ、マッキンゼーは大いに企業価値を上げたと思う。こんな面白い人材を雇用することは組織思考に多様性を与えるし、他の人材も活性化する。他の日本企業も実は小沼君のような人間を望んでいるのかもしれない。しかし、残念ながら人生を豊かにするための寄り道をする大学生が少なすぎるのだ。

企業の新卒一括採用という昔ながらの慣習が固定化しているのがよくない。

ほとんどの大学生たちは3年生ぐらいになると浮き足立って、みんな同じリクルートスーツを身にまとい、学生生活をもっとも謳歌すべき時期に就職活動に忙殺される。読書に熱中したり、映画を観まくったり、海外放浪旅行に行ったりしたら、乗り遅れてしまうと戦々恐々だ。もちろん、留学といったチョイスなどは論外となっている。しかし、企業はそんな画一的な人材をいつまでも採用し続けるだろうか。

企業が本当に多様性に富んだ人材を採用し、クリエイティブなビジネス活動をする気ならば、採用方針をそろそろ変える時が来ていると思う。

「2枚目の名刺」をつくるところからはじめる

人生の豊かさは、人生の伏線の中から生まれてくることが実は多い。

あっちへ行って、こっちへ行って、迷ったらまた戻る。こんな生き方・チョイスをしてみたいと本気で考えたときに、誰もが挑戦できるような社会であれば素晴らしい。ところが、これだけ豊かになったのに、日本の若者たちは簡単にできるであろうチョイスを自ら放棄して、「おかしいな?」と思いながらも、画一的就活ムーブメントを受け入れる。そして、苦労してようやく入った会社でもなかなか生きがいを感じることができずに転職してしまう。女性の社会進出は遅れ、若年層の自殺率が高く、偏差値重視の教育がまだ継続している。しかも、多くの人たちが、「こんな現状はきっと変わるはずだ、いや誰かがきっといつか変えてくれるはずだ」と信じている。その一方で、多分誰も何も変えられないという無力感に浸ってもいるのだ。

かつて、『創発的破壊』という自著の中で、「カリスマ的リーダーはもういらない、個々人の小さな行動=創発的行動の総和で世界を変えていこう」というメッセージを書き残したことがある。ただし、その方法論について具体的なことは何も書いていない。今回、「2枚目の名刺」を持つことがまさにその方法論のひとつではないかと思い、本書のために筆を執ることにした。

たとえば、安定した企業に勤務しているにもかかわらず、やりがい、生きがいを感じられないでいるとしよう。会社を辞めてしまうとローンもあるし、その後の転職や収入が不安で、怖い。だったら、居場所を残したまま「2枚目の名刺」を持つというチョイスをしようというのが本書の趣旨だ。自分の人生に自分自身の新しいチョイスを加える。小さな一歩だが、未来に新たな可能性を加えることになる。

自分の趣味の名刺、好きなNPO団体の名刺、あるいは実体はまだなくても勝手に「2枚目の名刺」をつくってしまう。それを人前で出してみる。当然、「何をしているんですか？」、「どんな団体ですか？」と尋ねられれば、もう頑張らざるをえない。

「2枚目の名刺」がプロボノだったとしたら、支援しているNPOやNGOを助ける知識やノウハウを高めるために本業にもっと打ち込み、専門能力を高めようとする。実体がないものだったら、追求されると困るから実体のあるものにする、あるいはその勉強をする。

その結果、くだらない時間の使い方が減り、日々のモチベーションも上がり、自分で自分の生きがいを創り出すという喜びが生まれる。また、2枚目の名刺を持って会社以外の世界へ出てみると、新たな人脈が広がり思わぬ展開や結びつきでいろいろな変化が生じる。なにしろそれを自分でチョイスすることが重要だ。

「2枚目の名刺」は会社の仕事にもプラスになる

では「2枚目の名刺」を持ったあとに、どんな人生が広がっていくのか。あるタイミングで、本業と2枚目の2つの両立が難しくなったら、本業に戻ってもいいし、新たな活動が軌道に乗ったらそちらに専念してもいいのだ。

しかし、やりようによっては両方を続けることもできるかもしれない。兼業禁止規定があっても、所属している会社や組織に交渉して、しっかりと本業の成果を示しつつ、しかも本業の成果を大きくする努力をしてみるといい。きっと、本気で「2枚目の名刺」をつくって活動を始めれば、絶対に本業も面白くなってくるし、思わぬ力を発揮していけることはいくつもの先例がある。

たとえば、会社に毎日まじめに出社している、ある商社の営業社員は新規の得意先を年間に3件、開拓した。一方、「2枚目の名刺」をつくって毎日外を飛び回っていて、週に1回しか出社しない営業社員が新しく開拓した得意先は20件。どちらが会社の役に立っているのか。

それでも「兼業はけしからん、帰属意識も薄くなる」などと言っている会社はナンセンスだ。自由を認められた営業社員は、自分の本業の本質や挙げるべき成果、自分が所属している組織への貢献を忘れない。会社側にとっても、「２枚目の名刺」のおかげで新しい得意先が増えて、売り上げも伸びている。彼のおかげで、会社としてのブランド価値も上がり、企業の魅力度も高まる。性善説に基づいた社員活用法を考えた方がいい。

「愛社精神はもう古い」という議論が起こった１９９０年代、僕は「愛社精神は絶対に古くならない」（朝日新聞）と断言した。自分が所属する組織が好きだとか、自分が出た学校が好きだとか、それは人間の当たり前の感情だからだ。愛社精神が古くなるのではなく、愛社精神は古いと言わせる会社が古くなっているのだ。

会社が面白い仕事を与えてくれ、なおかつ自由な兼業を許してくれるなら、社員だってその会社を好きになる。そこまでしてくれるのなら、この会社のために頑張ろうと思うのが普通の人間の感情だ。その普通の感覚が古くなるわけがない。

ただし、間違えないでほしいのは、「２枚目の名刺」を持てば単純にいい仕事ができるわけではない。結果を出している人間と話してみると、彼・彼女たちの共通点はみんな２枚目の名刺を持っていた、という状況をつくらなければいけない。そして、いきいきと、しかもしっかり成果を上げている社員が働いている会社は結果的にみな、「２枚目の名刺」ホルダーを奨励しているという因果関係である。ということは2枚目の名刺を持つことには責任が伴うということになる。

会社ルールの自由度が活性化のカギ

人気番組「NHKスペシャル」のつくられ方が面白い。

まず「NHKスペシャル」では、こういう企画をやりたいと提案し、GOを獲得した人に制作に関するすべての権限が与えられるという。企画発案者はたとえば、「NHK札幌であの番組を担当したカメラマンに撮影を依頼したい」、「NHK福岡にいる彼に脚本を担当してほしい」など。いつか必ずいいものをつくりたいという思いを込めて、自分も番組を見てきた「NHKスペシャル」のディレクターたちは、自分が理想とする最高のスタッフを指名できる。

ただし、そういうふうに声がかかるカメラマンや脚本家は、やっぱり地方局ではスター社員である。だから、地方局にとっては「NHKスペシャル」に3ヵ月もスターを抜かれてしまうと困る。しかし、そこに組織活性化のカラクリがある。スターが抜かれると、スターの陰でくすぶっている人材に陽が当たる。場が与えられることで、陰に隠れていた彼らは本気になる。結果、コツコツと練習していたり、コツコツと技術を学んできた人材が、「このチャンスをものにする」と、本番で実力を発揮する。そうやって、後進に舞台が与えられ、次世代が育成されるシステムなのである。

現代社会においては、会社のためにというよりも、自分がプロとして生きていくために一生懸命仕事をきわめる人も多い。そうした人はもっと自分を活かせる場が外で見つかったならば、そこに出て挑戦するだろう。そうなると、所属していた組織が損をするという見方もあるかもしれないが、実はそんなことはまったくない。外に打って出られる素晴らしいプロである先輩を見て育った後進に、今度は新しい活躍の場が与えられるのだから。

既存の組織に囲い込むことで、その道のプロを目指す人材の可能性を狭めてはいけない。日本全体、世界全体、社会全体の中で人材は動き、育てられていると、ダイナミックに捉えるべきだ。そもそも長く会社に在籍して、「俺がこの会社を引っ張っている」と自慢している社員ほど、会社の足を引っ張っている人が多い。

それよりも、プロとして仕事をして、「俺がここで本気でやっていることを邪魔しないでくれ。邪魔されたら、こんな会社いつでも辞める覚悟ができているぞ」と言える社員が本当の意味で会社を引っ張っている人材であることが多い。前者は、会社の名前、会社の経費を使って、社員としてやっている気になっているだけだが、後者のような思いで仕事に臨み、本当に会社を引っ張っている人材は、どこへ行っても通用するプロ人材なのだ。

会社経営は、本当に人材をめぐる戦いになっている。優秀な人たちが、どうしても来たくなるような組織と仕組みをつくらなければゲームは終わり。そう考えると、「2枚目の名刺」ホルダーを積極的に採用して、その活動を奨励するような、社員に自由に力を発揮させる会社が勝ち残っていく時代なのだ。

第2章　自分の立ち位置を決める

生産性をあげよう

統計が正確な先進国のなかで、国民が一番長い時間働いている国はどこか？　2013年の資料（図1）によると、その答えは、韓国である。年間で2101時間働いている。それで、一人当たりの名目GDP（一人当たりのGDP＝GDP÷人口）は、先進国中30位。その次に長時間働いているのがアメリカ。1790時間働いていて、一人当たりの名目GDPで9位。その次が日本で、1745時間で24位という結果である。

ところがオランダ人は、1381時間しか働いていない。それで一人当たりの名目GDPは11位。日本人より働く時間が364時間

図1　ワークハードからワークスマートへ

国名	年間労働時間(2013)	一人当たりGDPランキング(2013)
韓国	2101	30位
アメリカ	1790	9位
日本	1745	24位
スウェーデン	1621	7位
イギリス	1654	23位
フランス	1479	20位
ドイツ	1397	18位
オランダ	1381	11位

出典：Hours worked: Average annual hours actually worked, OECD Employment and Labour Market Statistics（database）, IMF-World Economic Outlook Databases（2014年10月版）

以上も少ないということは、一日の労働時間を8時間とすると、45・5日間も休みが多いということになる。しかも、子どもたちの幸福度調査ランキングではオランダが世界1位である。

ちなみに、ノルウェー、スウェーデン、フィンランドなど北欧の国もオランダと同じような状況である。

ここから見えてくるのが、日本人、韓国人はかなりワークハードを強いられていながら、大きな生産性を上げていないということだ。逆をいえば、ワークスマートとは、まったくいえない。

また、日本のビジネスパースン調査によると、残念ながらこんな結果も出ている。

「30代・40代の半数近くが『仕事にやりがいなし』『能力発揮できていない』と感じている（日本能率協会　2013年調査）。

このような結果となった一番の要因は、業務の過度な細分化だ。細分化とは業務効率を上げるには必要で、プロを育てるためにも必須である。しかも、今後もマーケティングのこの部分だけ、経理のこの部分だけ、システムのこの部分など、細分化の進展が予想される。

細分化が進んだことで業務の効率が上がったかといわれると、そうでもないことが先の国別調査でも明らかである。長時間労働の割には、効率は悪いという悪循環に陥っているのだ。では何が必要なのか、それは細分化を統合する力である。

全体像を見せる。語る

ヤン・カールソンという、1980年代にスカンジナビア航空の再建に成功した経営者のベストセラー『真実の瞬間』に、こんな話が載っている。

ある旅人が道中に一人の石工と出会い、「あなたは何をしているのですか?」と尋ねたところ、ノミを持った石工は「見てわからないのかよ、いまいましい石を削っているんだよ!」と面倒くさそうに答えた。旅人がしばらく歩くと、また別の石工を見つけ、同じ質問をした。すると今度の石工は「世界で一番美しいカテドラルの基礎の部分をつくっているんです!」と胸を張った。

旅人には、2人の石工がやっていることがまったく同じに見えた。しかし、答えは180度異なる。その理由は、一人には作業の前にカテドラルの設計図と完成図を見せ、「お前はここをやっているんだ」という仕事の意味が与えられている。一人は石を削る仕方以外、なにも伝えられていない。

今の日本の中で起こっていることは、この話と同じではないか。日本という国や会社が一体どこへいくのかという全体像を、ビジネスパーソンの多くが理解できていないまま働いているのだ。ビジネスパーソン一人ひとりの仕事が、自分のため、会社のため、日本のため、世界のためにどんな役に立っているのかということをリーダーがしっかり伝えないまま、細分化された作業に毎日毎日忙殺されている。この全体像を伝えるのはトップだけの役割ではない。たとえ、小さなチームのリーダーでも常に全体像と仕事の意味は伝えなければならない。もちろん、常に意味のある仕事ばかりではない。その時でもリーダーはやはり意味づけをしなければならない。

会社と個人の互恵関係

ここ数年、会社に入って3年で辞めてしまう若者が多いことが問題視されている。若者のほうに問題があるというけれど、本当は違う。

会社が明確な使命を持って、お客さんによりよいものをきちんと届ける。その使命をしっかり共有し、意味が与えられた仕事を社員に与え続けていたら、社員たちは簡単に辞めはしない。そう思えないのは、会社に問題があると考えるほうが自然だ。

「ロイヤリティを持って働け」と一方的にいうのは、要するに社畜を飼ったつもりで、「おまえは奴隷だからこの会社を好きだと思いなさい！」という雇った側の勝手な考え方。本当は、会社も個人も対等であるべきだ。

当然だが、会社は社員には今以上の能力を発揮してほしい。社員は意味のある仕事ならば全力で取り組む。それに対して会社は、社員が出した成果に最大に報いる。できる限り意味のある仕事を与え続け、できる限りいい給料を払う。こういった対等な関係を示せるならば、新入社員がすぐに「こんな会社辞めてやる」とはならないはずだ。

会社が新入社員を採用して定年まで雇い続けると、だいたい3億円ぐらい払うことになる。しかし、人間の見る目は当てにならない。いいと思って採っても外れる人材もいるし、いまひとつと思って採ったら大当たりの人材もいる。だからこそ、お互いに緊張関係を持って、意味を付与された仕事と成果に見合う報酬を考えながら、密室ではないオープンなコミュニケーションが必要となる。社員は会社の持ち物ではないし、会社も社員の単なるステップストーンではない。互恵関係なのだ。

「金儲け」を侮るな

最近、多くの学生たちが「お金儲け、嫌いです」と言う。「世の中や社会にとっていいことだけをやりたい」と。そんなとき僕は彼らにはこう伝えている。「冗談言ってるんじゃない！ 金を儲けられることが社会にとって一番いいことなんだ！」と。現代社会にあって、利益を上げることはそう易しいことではない。世の中の人たちが喜ぶために、安くていいものをつくってはじめて収益は上がる。その収益から税金を納めて社会が回っていくのが資本主義本来の姿である。学生たちは、勘違いしている。企業は誰かのお金を搾取しながら売り上げや利益を出していると思っている。例外はあるが、いまどき、消費者ニーズを無視して利益を上げることなどできない。

会社は一人でも多くの消費者に選ばれるために、いい商品やサービスをつくり、必死の努力で価格を下げ、そして収益を上げ、税金を納める。それは経済の根幹をなす大事な仕事であり、どんなビジネスにとっても基本中の基本だ。

こんな話をしている企業やエンジニアの愚痴をよく耳にする。「なぜこんなによいものをつくったのに、売れないのだろうか」。そうではないのだ。売れないのは、消費者がその商品やサービスを「よい」と思っていないからだ。商品・サービスの良し悪しを決めるのは企業ましてやエンジニアではない。顧客や消費者なのだ。その中で利益を上げるということはきわめて知的な挑戦なのである。

人口動態を見誤らない

前回の東京オリンピックが開催された1964年の日本の人口は9718万人だった。それから50年が過ぎ、人口は1億2751万人へと急増した。ということは、50年間で約3000万人が増えたことになる。3000万人というと、マレーシアやネパール一国分に相当する人口である。

日本のなかにマレーシア規模の国が一つ生まれたのと同じことであり、この3000万人は、当然だが全員が新しく生まれてきた子どもたち。ここに、日本が成長を遂げるための源があった。

図2　オリンピックを迎える50年の軌跡

1964年		2013年
9718万人	人口	1億2751万人
29兆5413億円	GDP	475兆5727億円
約30万円	一人当たりGDP	約372万円
11.2%	実質経済成長率	2.0%
3.9%	消費者物価上昇率	0.0%
1.1%	失業率	4.3%
87.8%（白黒）	テレビ世帯普及率	99.3%（カラー）
6.0%	乗用車世帯普及率	84.1%
552km	新幹線総距離数	2874km
1216円	日経平均株価	1万4205円
360円	対ドル為替	99～98円

出典：日本経済新聞 2013年9月10日刊より

戦争に抑圧されてきた日本人は、この新しい世代のために頑張って働き、外貨を稼ぎ、高速道路に鉄道・地下鉄もどんどん延ばしていった。東京・大阪間の新幹線が開通したのも1964年である。高度経済成長は、人口の急増とともに実現されていったということである。

2020年に2度目となる東京オリンピックが開催される。しかし、日本の人口は2050年までに1億人を切ると予測されている。前回のオリンピックは人口が急増するなかで行われた。しかし、今度のオリンピックは人口が急減していくなかで行われる。お祭り気分に浮かれて、そのことを、しっかり認識していない人が意外と多いのではないだろうか。

あの神宮の森に建設される予定の高さ約70m、大きく眺望を阻害するといわれているドーム型の新国立競技場。電動式屋根で、ローリング・ストーンズのコンサートやサッカー日本代表チームの国際試合を毎日開催しても赤字になるような施設である。今後、人口が3000万人増えていく時代であれば税収増が期待できるから大丈夫かもしれない。しかし、我が国にはすでに1000兆円もの赤字があり、少子高齢化社会の到来が確実ないま、何の脈絡もない建造物をつくる余裕はない。しかも、オリンピックが終わってからのメンテナンス費用を一体誰が払うと考えているのか。建築家の槇文彦《まきふみひこ》さんたちがいうように、国立競技場は建て直し、あるいはリノベーションすればいい。本当にそう思う。

バブルも人口動態の上に出現した

もう一つは、1986年から1991年、これが日本の最も栄華を極めた時代。いわゆるバブル景気。その発端となったのは、1985年のプラザ合意だ。プラザ合意の直前に1ドル＝250円くらいだった円レートが、150円になった。「円高不況になるのではないか」という懸念の中、政府と日銀が金融緩和を発動し、企業の輸出体制を支援することになる。政府は金利を下げ、マネタリーベースを増やすことによって景気後退を防いだが、それが過剰流動性を引き起こし、バブル景気が発生した。

このバブルの裏側にはもう一つ忘れてはならない要因がある。バブルがスタートした1986年に39歳だった人は、1947年（昭和22年）生まれのベビーブーマー第1号だ。ちなみに、この頃の合計特殊出生率は約4・5人、なんと4人兄弟姉妹が当たり前の世代だった。また、彼らの子ども世代には団塊ジュニアが控えていた。

バブルの話をする際に、いわゆる過剰流動性の問題に頭がいくが、実は戦後生まれの団塊の世代と団塊ジュニアという大きな塊が消費の主役として出現していたことも見逃してはならない。この消費意欲がものすごかった。要するに、家電も欲しいし、車も欲しいし、家も欲しいし、海外旅行にも当然行きたい。この2つの巨大な消費の塊が、国内に巻き起こった過剰流動性のなかにどっしりと鎮座して、バブルを形成したのであった。

内向き志向のはじまり

バブルの出現と崩壊は日本経済に大きな負の遺産を残すことになったが、長びいたデフレ経済よりも深刻だと思うのは、日本人の内向き志向に拍車をかけたことだと思う。図3に見るように、日本の輸出依存度が1990年、1995年の2つのタイミングで10%を切っていた。

図3　日本の輸出比率は高くなかった

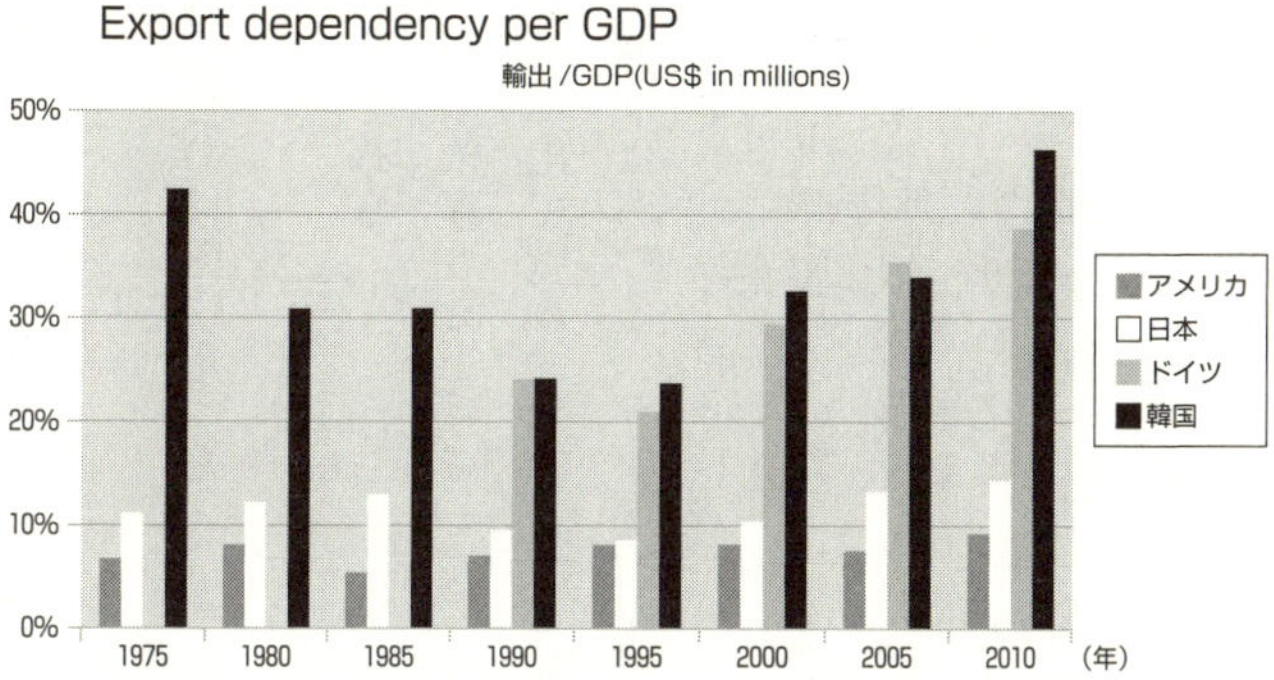

出典：“Values and Shares of Merchandise Exports and Imports, Annual, 1948-2011” by United Nations Conference on Trade and Development & “National Accounts Main Aggregates Database” by United Statistics Division

なぜかというと、前述したように90年代の日本国内マーケットの消費意欲は非常に大きく、日本企業の高品質・高価格戦略に寛大であった。

多くの企業が豊かで素晴らしいお客さんがいる国内消費の獲得に走った。何でわざわざ外国に出て売りに行かなきゃいけないんだと。

これに反して、世界を見たのがドイツ、韓国だったのである。

韓国は1997年のアジア通貨危機以降、いっきに輸出依存度を上げていく。彼らは、景気後退した国内マーケットだけでは生き残れないと、外に出て戦う決意をして、輸出攻勢を強めた。ＥＵという市場を手に入れたドイツはハイエンドにおけるブランド力をベースに規模の経済性を利用して輸出に力を入れた。韓国とドイツはグローバルマーケットで戦うためのかじ取りをはやいタイミングで行ったのだ。ちなみに、当時の日本の人口は1億２７００万人、ドイツは８０００万人、韓国は５０００万人。なまじ国内人口が多くて、国内マーケットが大きかったため、日本企業の多くがバブル期に内需に特化してしまったのである。

バブルの最大のネガティブ・インパクトというのは、ただ単に金融、土地の問題だけではなく、巨大な国内マーケットの出現ゆえに日本全体が外を見ることを忘れていたことだと考える。当時、日本企業が国内需要に耐え得るだけの面白い商品やサービスをたくさんつくったことも事実だ。それで満足してしまって、世界マーケットを見なかった。歴史にイフはないけれど、あのころもしも国内マーケットが厳しくて、世界に目を向けていたとしたら——日本は失われた20年を回避することができ、もう少し世界の中でプレゼンスの高い国になっていたのではないだろうか。

そしてバブル崩壊から二十数年がすぎ、当時40歳だった団塊世代は全員定年退職してしまった。「日本はまだまだ大丈夫、元気なシルバー消費が日本を引っ張ってくれる」という楽観論も年金不安で一掃されてしまった。年金不安で、彼らシルバー世代の財布の紐がギュッと絞られた。事実、２０１０年に入ってから、驚くほど国内マーケットが小さくなっている。ところが、頭の中には90年代のビジネスモデルをそのまま持ち込んでいる経営者も多い。

例えばテレビを見ていると、自動車、家電、ビールなど、各種メーカーが代わり映えのしない新製品を次から次へと発表し、中には高額な出演料を払ってハリウッドスターをＣＭに起用している会社もある。最早この手のＣＭが消費者の購買動機につながるとは、ほとんどのマーケッターは思っていない。現代経営にあっては、経営者たちの頭の中をバブルからデータアナリシスの世界へ連れていかなければならないのだ。

成長しているところへ行こう

１９８４年、中国科学院の計算機研究所の11名の研究員が20万人民元をもって設立したパソコンメーカー・レノボ。事業が急拡大していく中で、ＩＢＭとＮＥＣのＰＣ部門を買収し、２０１３年10月にはヒューレット・パッカード社を抜き去り、ＰＣシェア世界1位になった。しかし、レノボ・ジャパン社長のラピンさんが言うには、「デル・コンピュータを抜いて2位になった時ほどの興奮はなかったし、祝賀会もしなかった」そうだ。何故か？「もうＰＣの時代は終わった。これからはスマートフォンとタブレットの時代」だからだという。

中国発のＰＣベンチャーが世界シェアナンバーワンになりながら、大喜びもしない世界。そう、時代は音を立てて変化しているのだ。だからこそ、あれほどの隆盛を誇ったマイクロソフトとインテルの影が急速に薄くなり、アップルやサムスン、さらにはグーグルやフェイスブックが突然時代の前面に躍り出てくる。しかし、ハードメーカーであるアップルやサムスンも安泰とはいえない。ハードウェアはあっという間に陳腐化するからだ。

レノボが見ている世界は約50億人がひしめくニューマーケット。ベース・オブ・ピラミッド（BOP）とも呼ばれる、国民の消費力が一日2ドル程度しかない新興市場だ。中国14億人、インド12億人、ASEAN6億人、アフリカの10億人、南米の6億人。確かに、この大部分の人々が最初の情報端末として、PCを手にする可能性は低い。となるとスマートフォンあるいはタブレットということになる。それでも、一台200〜500ドルもするような端末は高すぎる。だから、30ドルでスマートフォンを売る中国の「小米科技」が急速に成長しているのである。日本にこもっていては分からない世界の現実がある。

図4を見てみよう。中国は2000年に入って10%、インドは8%、インドネシアは6%の成長を続けている。この3国だけで約30億人のマーケットが、まさに高度経済成長の波に乗っているのだ。ここにアフリカの5%を加えると、巨大な人口の塊が目覚ましい成長を遂げていることが見えてくる。このマーケットを見ずして、21世紀の我々は何を語れるというのだろうか。成長著しい南半球に約40億人のマーケットが存在している。

いまLCC（ロー・コスト・キャリア＝いわゆる格安航空会社）をうまく使えば、南アフリカまで往復10万円で行ける。バングラデシュまでなら5万円。井上慎一《いのうえしんいち》CEOが率いるピーチ・アビエーションの例でいえば、関空・ソウル便では大阪の女性が日帰りで買い物・垢《あか》擦《す》りツアーに出かけ、那覇・台北便では台湾の女性が沖縄の美容室にヘアーカットに来るそうだ。そう考えてみると、世界はどんどん小さくなっている。しかも、日本国内での10万円の価値はきわめて限定的だが、BOPの国に行って使えば、ものすごい社会貢献が経験できる。2枚目の名刺をもっていくには絶好の場所といえそうだ。

財政破綻とソーシャル・ビジネス

図4　成長のあるところへ行こう！

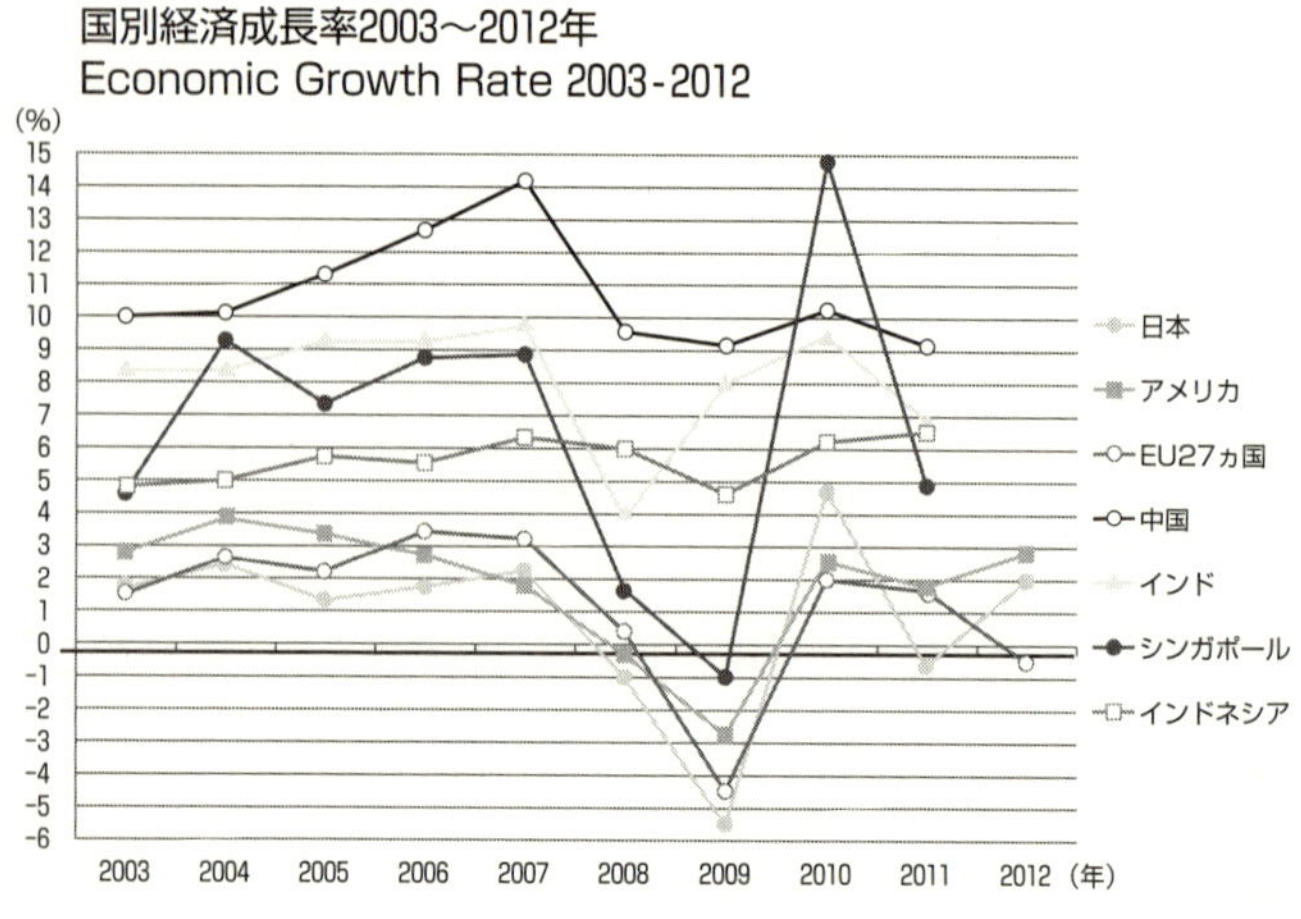

出典：For China, India Singapore and Indonesia: National Accounts Main Aggregates Database, United Nations Statistics Division For Japan, U.S.A. and EU 27 countries: Real GDP growth rate by Eurostat

もう一つ、2枚目の名刺が有効な場所が「ソーシャル・ビジネス」あるいは「社会的企業」である。その定義は、これまで税金や国際援助資金を用いて政府や国際機関で行ってきた社会的課題の解決を、ビジネスの手法を通じて行う事業あるいは企業のことである。社会的課題とは貧困、教育、南北格差、都市問題など、これまではビジネスの対象ではなかったものである。

このソーシャル・ビジネス興隆の系譜には大きく3つの流れがある。

第1は、資本主義すなわちビジネス原理の勝利である。1980年代に世界の二大社会主義国が大きな方針転換を遂げた。鄧小平によって進められた中国の改革開放政策であり、ミハエル・ゴルバチョフによって進められたペレストロイカ・グラチノフとソ連の崩壊である。この両国の変身と崩壊が明らかにしたのは、社会主義は富の分配に関しては優れた体制だが、富の創出に関しては資本主義には及ばないということだった。

さらに、この社会主義崩壊における西側の立て役者であったマーガレット・サッチャー英国首相とロナルド・レーガン米国大統領が、世界に資本主義の力と民間企業が牽引する市場経済の重要性を再確認させたことを忘れてはならない。サッチャー首相は小さな政府と民営化を強力に推進し、半世紀もの間イギリスを蝕《むしば》んでいた「英国病」を撃退した。レーガン大統領も小さな政府と規制緩和を徹底することで、ベトナム戦争以降自信を喪失していたアメリカを「強いアメリカ」として見事に甦らせた。資本主義やマーケットの持つ力が政府の計画力や他律的援助よりもはるかに効果があることを証明したのである。

第2系譜は、20世紀後半から深刻化した先進諸国の財政赤字である。進展する経済のグローバル化は同時に経済状況の同期化をもたらした。一国の経済状況が他国の経済状況に大きな影響を与えるため、先進諸国は相互に経済状況を維持するよう財政出動を暗黙裏に強要する構造に陥った。そのため、日本のバブル崩壊、アメリカのITバブル崩壊、リーマンショック、ギリシャを引き金とした欧州危機などの度に、先進諸国はそれぞれの責任において財政出動や金融緩和を進めてきた。

図5に見るように、日本がダントツで財政赤字を継続していることが理解されるが、主要国のほとんども財政赤字であることがわかる（財務省「財政収支の国際比較」参照）。先進諸国の政府は社会的課題解決や国際問題解決のために財政支出を潤沢に行うことが難しくなっていった。この財政的制約が、第1の系譜と相まって、政府に頼らずにビジネスの力を通じて社会問題の解決に向かう力となっていった。

第3系譜は、こうしたビジネスの力を使って社会問題を解決する具体的なアクションが、先進国ではなくむしろ後発国から生まれ出たという流れである。代表的な事例が、バングラデシュで始まったグラミン銀行のマイクロファイナンスだ。20世紀を通じて途上国には国際援助の枠組みで大量の資金が先進国から流れ込んだが、結局貧困は削減されないという現実が残っていた。その現実に気づいた一人が2006年にノーベル平和賞をグラミン銀行と共同受賞することとなる、創設者のムハマド・ユヌス博士だった。彼

図5　財政収支の国際比較（対GDP比）

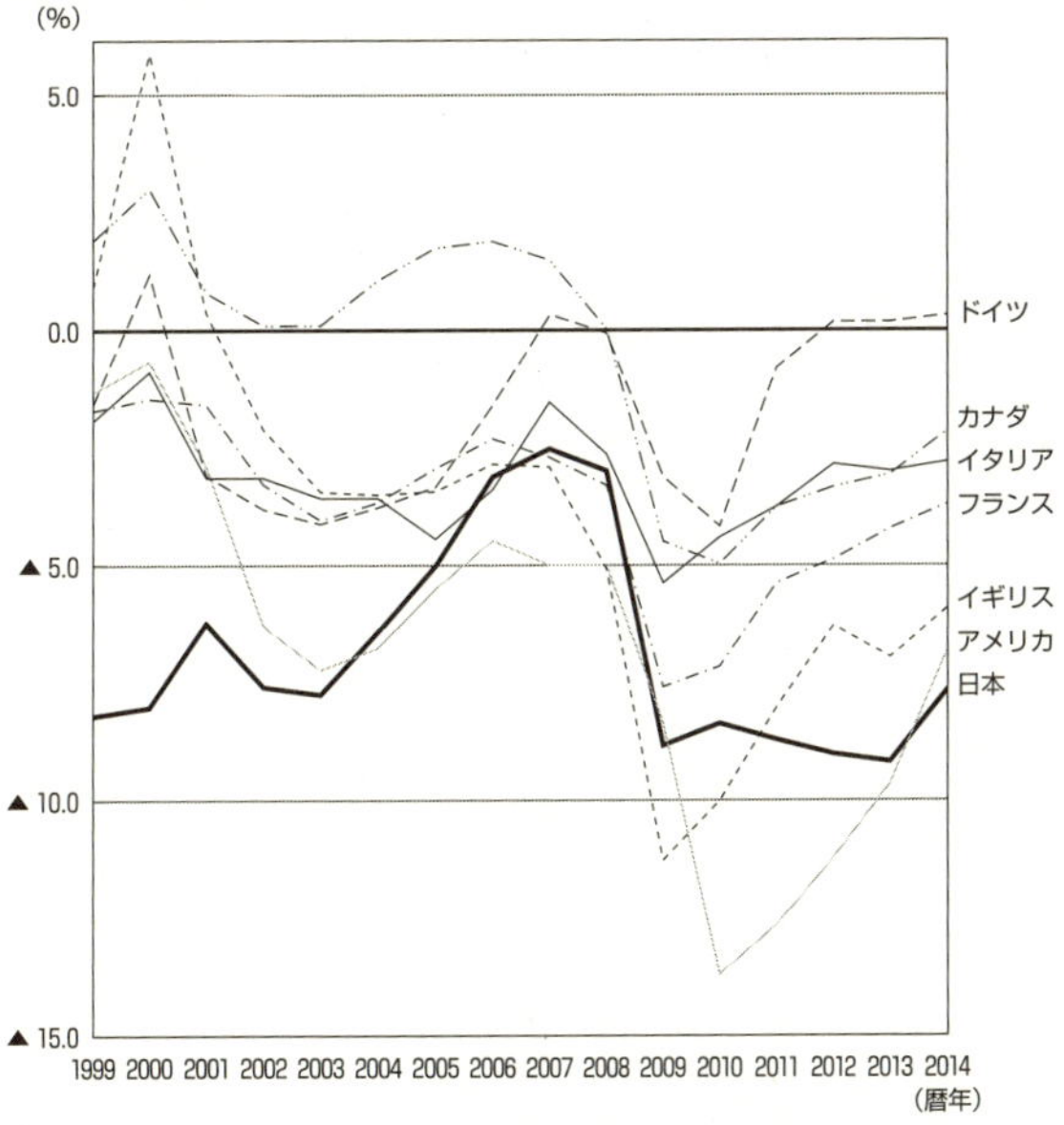

（出典）OECD "Economic Outlook 94"（2013年11月）

は、先進国から援助として受け取る何兆円よりも、一人ひとりの尊厳を認めながら20ドルや50ドルといった少額を貸し付ける方がはるかに効果的だということをマイクロファイナンスというビジネス手法で証明した。わずか49人の農民に29ドルを貸し付けてスタートしたグラミン銀行は、いまや８００万人に1兆円を貸し出す世界最大のマイクロファイナンス機関となったのである。

彼とグラミン銀行のノーベル賞受賞が大きな契機となり、ビジネスの力で社会をよくするというムーブメントに火が点き、世界各国の若者たちも同調していった。アメリカの優秀校の卒業生やＭＢＡホルダーたちの間でも、「マッキンゼーやアップルで働くのもアリだけど、ＮＰＯ／ＮＧＯで社会課題を解決したい」という変化が生まれたのである。事実ティーチ・フォー・アメリカ（アメリカ国内の一流大学の学部卒業生を教員免許の有無にかかわらず大学卒業から2年間、国内各地の教育困難地域にある学校に常勤講師として赴任させるプログラムを実施）、エンデバー（トップクラスのＭＢＡの学生をリクルートし、社会企業家教育を提供）といったＮＰＯ団体に行って働きたい若者が増えている。その結果、ハーバード・ビジネススクールは、給料が安いＮＰＯ／ＮＧＯに行くならば学費を大きくディスカウントする体制までも整えたという。

こうした3つの系譜がNPO／NGOの存在感を高め、社会的課題をビジネス手法を使って解決するソーシャル・ビジネスや、それを牽引する社会企業家（ソーシャル・アントルプルヌア）にスポットライトを当てることとなったのである。

図6はデータはやや古いが、主要国におけるNPOがGDPと雇用に占める割合の比較である。オランダではすでにGDPと雇用が19・9％と18・7％と、2割近くをNPOが占めていることがわかる。さらに、資本主義バリバリのアングロサクソン代表のアメリカ、イギリスでさえ、それぞれ8・7％と11・9％、9・2％と12・3％で、NPO／NGOの存在は1割近くに迫っているのであ

図6　各国のGDP及び雇用のうちNPOの占める割合

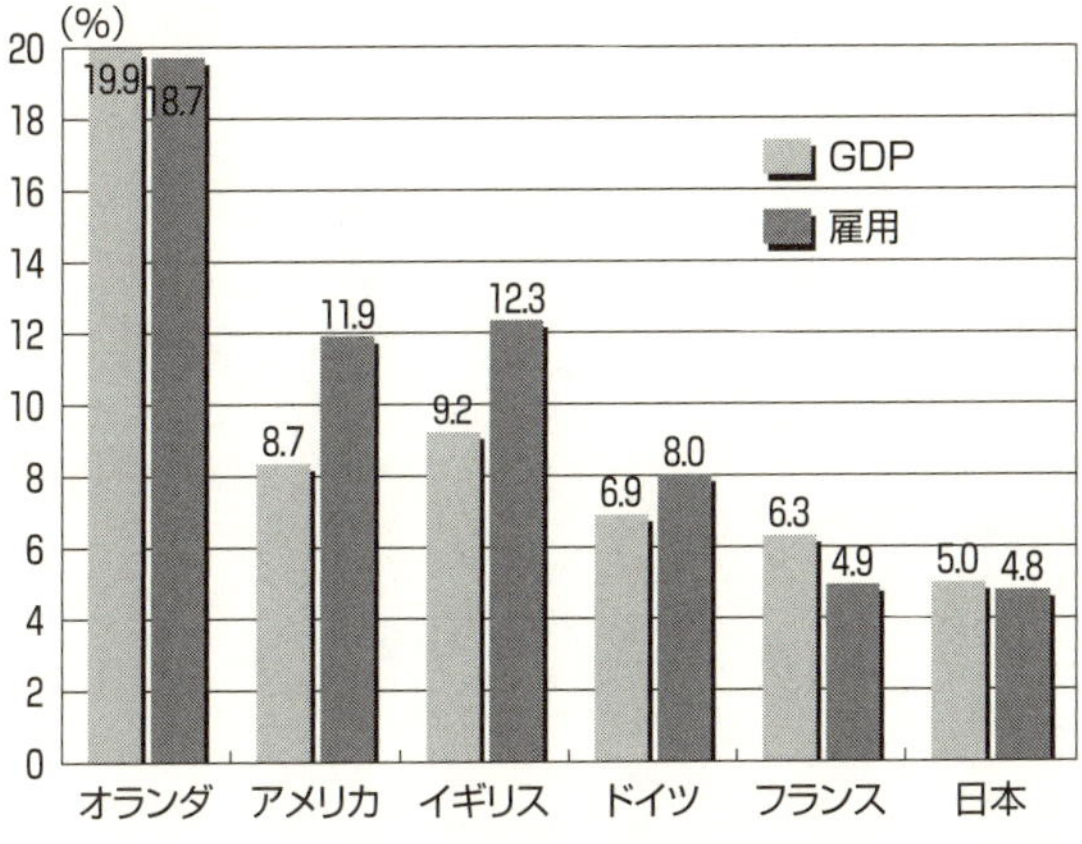

資料：経済産業省「産業構造審議会資料」（平成14年）

る。まだ日本では5％前後と発展段階だが、国内の財政状況や複雑化する社会課題を考えると、今後、ＮＰＯ／ＮＧＯが果たす役割はますます大きくなることだろう。

なぜ2枚目の名刺が役立つのか

これまで政府や世界機関が税金・援助資金で行ってきた社会問題の解決を、ビジネスの手法を通じて解決するソーシャル・ビジネスが重要になってきた系譜を見てきたが、ここで重要なポイントは「ビジネス能力」ということなのだ。話題的には、「ＮＰＯ」や「社会企業家」という側面が注目されることが多いが、政策や援助ではなくビジネスの手法を通じて社会課題を解決することが主眼なので、一番必要なのは「ビジネス能力」なのである。もちろん、社会を変えたいという志や想いは大切ではある。しかしソーシャル・ビジネスあるいは社会企業家を名乗る以上、何よりも重要なのはビジネス能力である。

最近残念なのは、社会課題の解決や社会企業家という耳に心地よい響きにつられて、学生たちがビジネスや法律の勉強もろくにせずに、この分野に行きたいと安易な発言をすることだ。国家財政や国際援助資金ではなくビジネス手法を使って社会課題を解決することは決して易しいことではない。したがって、本当に優れた知性と戦略志向が求められている。この分野こそ、思考能力の高い学生や経験豊富なビジネスマンが必要なのである。

NPOで利益を上げよう

NPO＝ノン・プロフィット・オーガニゼーションだからといって、プロフィットは二の次だという考え方をする人も多い。しかし、**NPOとは「利益を上げてはいけない」ということではなく、「利益を目的としない」というだけで、利益を上げることは重要である。**むしろ、活動で得た利益をさらに追投資してNPO本来の目的を追求すれば、ますます社会的意義は上がる。したがって、そうしたことを実現するNPOリーダーや職員たちは大きな責任があるのだから、人並み以上の給料を取って構わないし、さらに優秀な人材を呼び込んでこなければならない。そうしないと、税金を使わずに社会的課題を解決するという難しい仕事に対して、新しく斬新な人材が流入しない。僕は、**NPOはプロフィットを上げなければならないし、NPOリーダーや職員は人並み以上の給与を受けとるべきという強い信念を持っている。**

NPOが社会にどんな利益を還元しているか。一つわかりやすい例を紹介しよう。東京・立川に「育て上げネット」というNPOがある。工藤啓《くどうけい》君という青年が立ち上げたもので、若年無業者（ニート）や引きこもり状態など、働きたいけれど働けずにいる若者の「自立」を支援するために、就労訓練やコミュニケーション研修を運営している。

ニートや引きこもりを国が真剣に支援するのには大きな理由がある。それは、こうした人材を寝かしておくことは、国にとって二重の損失だからだ。ニートや引きこもりを放置しておくと多くの場合、税金から捻出される生活保護や社会福祉の対象となることが多い。当然、働く機会に恵まれていない彼らはそもそも税金を支払うことができない。この意味で、彼らをそのままにしておくことは国家にとって二重の損失なのである。彼らがもし仕事に就けたら、まず社会福祉手当などの税支出が要らなくなる。さらに、彼らが働くことができれば、住民税や所得税といった税金を納めることができる。二重のマイナスがともにプラスに転じることとなるのだ。かつて障害者雇用に情熱を注いだクロネコヤマト創業者の小倉昌男《おぐらまさお》さんも同じことを述べていた。障害者の自立支援もニート・引きこもりの就業支援も、国家財政にとっても社会の健全化にとっても実はとても大事な仕事だ。「育て上げネット」はまさにこの社会課題の克服に正面から挑戦しているのである。

こうしたＮＰＯが、この本で推進する「2枚目の名刺」活用の大きな受け皿になりつつある。ただし、NPOなどに協力するプロボノとして参加するためには、自分自身に高い能力がないといけない。今、国内でも面白いNPOがどんどん立ち上がっているが、それらの多くは、複雑な法務・経理、的確なファンドレイジング、人材獲得や人材育成に悩んでいて、それらを解決してくれるプロを求めている。ボランティア感覚で「掃除しに来ました」といっても、「そんな大学生はたくさんいるから要りません」となる。やはり、ビジネス能力の高いプロでないと、NPO/NGOからは必要とされないのだ。

2枚目の名刺と大学院・生涯教育の利用

欧米の大学院は、プロフェッショナルスクールと呼ばれている。欧米では日本のような新卒一括採用はしない。部署単位で人が足りないとなったら、その時々に採用する。若い人たちはそこで鍛えられて、本当にやりたかったことが明確になったタイミングで大学院に行くというプロセスがある。

大学を出てまず会社や組織で4~5年働き、自分の適性をしっかり見極めて、やっぱり自分はビジネスのプロになりたいと思ったらビジネススクール、法律ならロースクール、デザインや建築ならデザインスクール、医者ならメディカルスクールに行く。それぞれの道で必要とされる、プロフェッショナルの知識、ノウハウを学んで、再び会社や組織に戻り、自分の新しい人生への挑戦を楽しむ。そんなキャリアパスができあがっている。

日本にもたくさんの大学院や生涯学習の場が用意されはじめた。せっかく豊かになったのだから、この種の自己投資は利用すべきだ。大学生の時は学ぶ意味が分かっていなかったため、漫然として過ごした日本人は多い。しかし、働いてみてはじめて「もう一度学びたい」と思う人は数多い。プロとして生きるために、大学院・生涯教育プログラムを利用するのは大いにありだ。

分かっている会社は認めはじめている「2枚目の名刺」

社員に最大の成果を求める企業はむしろ社員に自由度を与えている。兼業や副業に関しても大らかだ。理由は簡単で、要は優れた人材をひきつけ、成果を上げてもらうことが会社の使命だからだ。「これだけよくしてくれた会社に足を向けて寝られない」と優秀な社員から愛社精神を持たれる仕組みをつくるのが正しいロジックだと思う。

余談になるが僕は、過去にハーバード大学から3000万円くらいの奨学金をもらっている。当時の1ドルは250円で、1年間の授業料が4万ドル。一橋大学の助手時代の初任給が13万3000円。だから、それを全額突っ込んでも授業料の4分の1にしかならない。ハーバード側が、「米倉はあまりにかわいそうだ」と、2年半の授業料を免除してくれた。さらに日本円で30万円ほど、月々の手当てをくれた。大学院を修了したときには、「アメリカには足を向けて寝られない。日本とアメリカが事を構えるとなったら、絶対に身をもって阻止しよう」と堅く誓ったものだった。

同じようにヤフーには、企業内起業家育成制度「スター育成プログラム」がある。社員にその制度を利用して自分たちで勝手に起業しろとやっている。結果的に、駄目なら会社に戻ってきてもOK。何をやっているかというと、これは「2枚目の名刺」と同じこと。

また、グーグルや日本の東レには、自分の時間と予算の20%は好きに使っていいという制度がある。これは、大きい。もしも年間1億円の予算を持っている研究者なら、2000万円は自分のために使っていいということになる。

また、広告代理店の博報堂DYグループでは、「AD+VENTURE」という社内ベンチャー制度が行われている。事業領域を限定せずに、プレゼンと事業計画書を見て応募者を絞り込み、承認された事業にはテストマーケティングの資金やアドバイザーの支援が受けられる。設定された指標をクリアする結果を達成すれば、グループ企業の子会社として起業できる仕組みだ。

これからの経営は結局、人材をめぐる戦いだ。いい人材を集め、その人材を有効利用したところが勝つ。では、どうすれば優秀な人材が集まるようになるか。優秀な人材が一番大切にするのは自由だ。そして、義理人情とノブリス・オブリージュだ。そこを真剣に考えないと、簡単に淘汰《とうた》されてしまう時代になってきている。

第3章　2枚目の名刺実用編

僕の「2枚目の名刺」

僕は一橋大学イノベーション研究センター教授という「1枚目の名刺」のほかにもいくつかの名刺を持っている。そのなかの一つに「日本元気塾」の塾長という名刺がある。「日本元気塾」の拠点は、森ビルが開発した六本木ヒルズ森タワーの「六本木アカデミーヒルズ」にある。自分自身を変革し、フロンティアを切り拓く——そんな気持ちに火をつけ、未来への一歩を踏み出す勇気と実行力のある個人を追求していく場である。

「日本元気塾」の前身は、森ビルの創始者である森泰吉郎《もりたいきちろう》さんが、1988年に赤坂アークヒルズで始めた「アーク都市塾」。その森さんが54歳まで、横浜市立大学商学部長・教授だったことを知る人は少ないかもしれない。

元気塾を取り巻く「2枚目の名刺」たち

泰吉郎さんは東京商科大学（一橋大学の前身）を卒業後、大学の先生をしながら、息子の森稔《みのる》さんとともに新橋駅前にビルを建て、ささやかな賃貸業をやっていた。まさに森泰吉郎さんも「2枚目の名刺」ホルダーだった。ところが泰吉郎さんが学部長になるときに、ほかの教授たちから、「森は自分でビジネスをやっている。そんな兼業するような人間が学部長でいいのか」という反対が起きた。頭にきた泰吉郎さんは、大学を自ら辞職。ビジネスで絶対に成功すると決意し、54歳から都市再開発事業をスタートしたのだった。

それが森ビルの始まりであって、泰吉郎さんが自身の都市開発の集大成として1986年に完成させたのが、赤坂アークヒルズ。ちなみにアーク〝ARK〟とは、赤坂（AKASAKA）、六本木（ROPPONGI）をつなぐ結び目（KNOT）の頭文字を取った造語だ。高層のオフィスビル、ホテル、集合住宅、コンサートホール、放送局などを1ヵ所に集めるという、それまで「点」で展開してきた施設群を「面」という複合施設として実現させた。泰吉郎さんは、赤坂アークヒルズの地下4階、施設の中で一番使いづらい場所に、自分がかねてから創りたかった学校「アーク都市塾」を創設することになる。

1987年に、東京大学名誉教授（現職）の伊藤滋《いとうしげる》さん（都市計画家）、石井威望《いしいたけもち》さん（システム工学者）、月尾嘉男《つきおよしお》さん（工学博士）、文化服装学院名誉学院長（現職）の小池千枝《こいけちえ》さんを中心に計7回、ワークショップ形式の講義を実施。それが、「アーク都市塾」の実践的な実験であり、インキュベーションとなる。そして僕は、2002年に「アーク都市塾」の3代目の塾長としてスカウトされた。「都市とデザインに加えて、経営も大事だ」ということだった。

都市塾塾長をやりはじめて気づいたのは、当時きわめて先進的だったこの塾も耐用年数が切れているということだった。環境変化の中でそのあり方を大きく変えなければと思いはじめたのが2008年頃だった。日本国内でも大学院がブームとなり、グロービスに始まって、さまざまな教育機関がMBAや社会人専門講座を開設していった。

こうした大学院と同じ土俵で競争しても、卒業証書を出さない「アーク都市塾」では独自性を演出できない。六本木ヒルズに拠点を移したことを契機に、オンリーワン戦略で勝負すべきだと考えた。このまま情報化が進んでいくと、オープン・ユニバーシティのような世界ができあがっていく。したがって、こうしたオープン化に逆行するようアナログ的なべったりとした塾をつくるべきだと考えたのだった。当時アカデミーヒルズ理事長だった高橋潤《たかはしじゅん》二郎《じろう》先生は、「いつでも、どこでも、誰にでも」から「いまだけ、ここだけ、あなただけ」というパラダイムチェンジだと表現した。

目指したのは、教科書もカリキュラムもない、ましてや単位も卒塾証書もなく、友人に「何を学んでいるか」と聞かれても、言葉に出して簡単には語れない学校だった。その言葉にできない部分を「日本元気塾」の基本コンセプトとした。卒塾証書を出すまでもなく、日本元気塾では卒塾生自身がまさに卒塾証書なのである。彼らを見れば、この塾のクオリティが分かるという思いである。

「暗黙知」がイノベーションの本質

知識には、言葉にできる「形式知」と、言葉にできない「暗黙知」がある。日本元気塾はまさに「暗黙知」を体現する場を目指している。イノベーションとは、言葉ではまだ表現できない新しい価値を生み出すプロセスである。したがって、一緒に物事をつくり上げていく中で共有される「連帯感、使命感、高揚感」が未知の領域を創造する鍵となる。これが、「日本元気塾の本質」だと思っている。

ハンガリーの社会哲学者マイケル・ポランニーの発見した『暗黙知の次元』をベースにした知識経営の生みの親として知られている野中郁次郎《のなかいくじろう》さんも、「暗黙知」こそが新しい知識の源泉だと言っている。

イノベーションの多くは当初うまく言葉にできないし、またできた瞬間にイノベーションではなくなってしまう。例えばｉＰｏｄが出たとき、多くの人々はウォークマンの単なるハードディスク版だと思っただろう。当初、あの小箱の中に１０００曲以上の音楽を持ち歩けるという意味を僕たちは理解できなかったし、言葉にもできなかった。さらにiＰｏｄは取り込んだ数千曲もの音楽を自由にシャッフルしてくれた。iＰｏｄが勝手に曲順を選んで、自由に演奏してくれるという変哲のない機能だ。しかし、それを使って音楽を聴いた日の面白さを、僕は今も言葉にできない。これがイノベーションの本質なのである。

誰も知らない、見たこともない、語ることもできない「暗黙知」を共有して、世の中にイノベーションをどんどん生み出す人間を輩出する。僕はそんな塾をつくりたいと思ったのだった。

日本元気塾の講師、藤巻幸大の「２枚目の名刺」

講師の後ろ姿から、塾生たちが「暗黙知」を学ぶ。そのために必要かつ一番大切なのは、講師となる人間のイノベーション力と実践力だろう。そして、自分が持っている熱い人たちのネットワークの中から、最初に声をかけたのが今は亡き盟友、藤巻幸大《ふじまきゆきお》（当時は幸夫）さん（２０１４年没）だった。その後にフランフランを経営する株式会社バルス代表取締役社長の髙島郁夫《たかしまふみお》さん、世界的な工業デザイナーの奥山清行《おくやまきよゆき》さんに声をかけた。僕を入れたこの

4人が講師となり、それぞれの講座を持って運営をスタートしたのが「日本元気塾」である。現在は、建築家の隈研吾《くまけんご》さん、「走る哲学者」為末大《ためすえだい》さん、第4章に登場する義足エンジニアの遠藤謙《えんどうけん》さんたちも参加してくれている。

ここでは、盟友・藤巻さんの話をしたい。彼は上智大学を卒業後、伊勢丹に就職した。入社してから数年は、使えない社員というレッテルを貼られ、ずっとバーゲン売り場を担当。しかも階段の隅に棚が置かれてある、「これが売れるのか？」と思えるような洋服を売る担当者だった。それらの商品は、色は悪い、形は悪い、センスはない。そういうものをずっと扱っていて（暇だったこともあって）売れない原因を考えるうちに、彼は素材であるファブリックの面白さに行き着き、自分で勉強するようになった。

そして、商品をいったん気に入ると、その織元や産地まで押しかける。身銭を切って、どこにでも行った。「**身銭を切らないやつは駄目だ**」も**彼の持論の一つだった**。

彼は、つまらない仕事の中でも面白さを見つける才能があった。どんな仕事でも嫌だと思わずに、一生懸命やる彼を上司は見ていた。ニューヨークのバーニーズへの出向が決まった。そこでバイヤーの仕事の面白さに開眼することになる。

日本の百貨店は、基本的にメーカーの委託販売だから、売れなくてもノーリスク。ところがバーニーズのバイヤーたちは、これは売れるというものを自分の目で探し出し、自己責任で店頭に並べて売っている。向こうの百貨店は単なる場所貸しではないわけだ。

藤巻さんが、ミラノのファッションショーに行ったときのこと。パステルカラーの服を着たキュートなモデルたちがステージを闊歩《かっぽ》しているさなか、バーニーズのバイヤーが横にいる同僚に「ブラック・イズ・バック」と囁《ささや》いた。アパレル業界が派手なパステルカラーをイチ押ししているシーズン中に、彼らはその真逆の黒色の商品を張ると決めたのだった。そして、そのシーズンのニューヨーカーたちのファッションは黒一色になった。その経験が、藤巻さんが単なる伊勢丹の一社員を脱してバイヤーという生き方を求め、バイヤーという「2枚目の名刺」を持つきっかけとなったのだ。

帰国後、「バーニーズジャパン」「解放区」「リ・スタイル」「BPQC」などの新規事業を次々と立ち上げ、そのブランディングで大ヒットを連発。藤巻幸大という〝カリスマバイヤー〟の名前が、世の中に広く知れ渡っていくことになった。その後、伊勢丹の経営陣の強い引き留めにもかかわらず、藤巻さんは独立バイヤー・経営者の道を選ぶことになる。彼に声をかけたのが、破綻した福助を再建するプロの投資家チームだったのもうなずける。

本社はミラノだ

福助の社長に就任した藤巻さんは、最初に現場を見て茫然となったという。あまりに在庫管理が乱雑すぎで、これでは経営が立ち行かなくなるはずだと。しかし、つくっている商品自体はまったく悪くない。伝統的な技術も引き継がれている。彼の最初の英断は本社移転である。大阪の堺市にあった本社を、ファッションの発信地・東京にどうしても持ってきたかったのだ。

そして、経営陣や社員にこう言ったそうだ。

「まず、本社が大阪の堺じゃどうしようもない。本社を移しましょう。僕はやっぱり、パリかミラノかニューヨーク、最悪、東京、このなかから選ぶしかないと思う。だから民主主義で決めよう」

民主主義といっても、当然ながらこのチョイスでは東京しか選べない。そうやって半ば強引に本社を東京に移して、さまざまな改革を推し進め、彼は見事1年半で経営改善を成功させる。福助の後には、あのイトーヨーカドーの衣料部門改革の大挑戦が待っていた。しかし、ハードワークが祟《たた》って、あの頃から体を酷使しすぎていたと思う。イトーヨーカドーを退き、フジマキ・ジャパンを設立しているときに「日本元気塾」の同志になってもらえたのはラッキーだった。

藤巻さんの「熱」は集ってきた塾生たちに伝播《でんぱ》して、結果的に2枚目の名刺を持っている多くの若者を輩出することとなった。日本のビジネスシーンを活性化させる芽を育てることができたのは、藤巻さんの力に負うところが大きかった。

日本には素晴らしい商品が沢山あるのに、海外ブランドが幅を利かせすぎている。特に日本の地方発の「日本ブランド」を完成させたいというのが彼の夢であり希望だった。

一緒に日本元気塾をやりながら、バッグや化粧品の新ブランドを次々立ち上げ、明治大学などの教授も引き受けていた。さらには、みんなの党から選挙にも出て繰り上げ当選。日本の明るい未来のために頑張って、頑張って、頑張って、自分の体を使いすぎてしまった。

２０１４年、彼は54歳という若さでこの世を去った。残念でならない。

山海嘉之　スーパー科学者

世界初のサイボーグ型ロボットであるロボットスーツ「ＨＡＬ」。これを開発した、サイバーダインという会社がある。

同社は、２０１４年３月、東証マザーズに上場した筑波大学発のベンチャーで、同大学大学院教授も務める山海嘉之《さんかいよしゆき》さんが、20年以上にわたり続けてきた基礎研究をもとに商品を開発・起業した。日本では、大学教授現職のまま会社を上場させたというのは初めてのことだった。ここでは国立大学の教授が持つことになった、まさに万能の「２枚目の名刺」の話をしよう。

足が不自由な人がロボットスーツを一定期間装着して治療を行うことで、脳・神経・筋系の機能再生が促進され、歩行機能が改善される。このロボットスーツはすでに欧州では医療機器の認証を取得し、世界で初めて治療ができる認可を受けたロボットとなっている。

山海さんは、このロボットスーツに人生をかけると決めた瞬間に学会発表を一切やめている。論文を書かない学者は研究者としては終わりだと周囲から大反対されたが、彼の信念は揺るがなかった。論文を書いていたら本当に創りたいロボットの実現に専念できないと考え、ロボット開発に集中することを決めたからだ。書いてしまえば簡単な決断に見えるが、研究者にとっては不退転の決断である。

昔は大学教授にも兼職禁止規定があった。しかし、今はほとんどなくなっているはずだ。僕の大先輩である、一橋大学商学部教授だった中谷《なかたに》巌《いわお》さんが、１９９９年ソニーの取締役に就任した時、文部省や教授会から猛反対されて大学を辞めざるを得なくなった。しかし、そのときに反対した多くの教授たちは現在、何事もなかったかのような顔をして社外取締役を平気でやっている。これには強い憤りを感じる。当時、僕は教授会で反対論に疑義を挟んだ。「いいことじゃないですか。経済学・経営学を教えている我々の仲間が素晴らしい会社の取締役に就任する。研究を実業で実践し、その結果を学生たちにフィードバックできる絶好の機会なのに、なぜ教授職を辞めなければならないのか」と。

しかし、中谷さんは一橋を去ることになった。彼の「2枚目の名刺」ホルダーになるための挑戦が契機となって、大学教授の兼職規定が緩くなり、彼に反対した人たちにも大きな恩恵をもたらしている。一人の人間の小さな行動が、世の中を変えていく大きな起点となった一つの出来事だが、ファースト・ペンギンには痛みも伴う。

服部匡志　「医は仁術」が「2枚目の名刺」

医療の世界でも「2枚目の名刺」ホルダーが増えている。

ベトナムの〝赤ひげ先生〟と呼ばれているフリーの眼科医・服部匡志《はっとりただし》さんは、ベトナムでの無償の医療活動を続けて10年強。服部さんは開業医ではなく、どこの大学や病院にも属さないフリーの眼科医である。

1ヵ月の半分は、北は盛岡から南は鹿児島まで約10ヵ所の病院を渡り歩いて、診察と手術を行う日々。残りの半分はベトナムの首都ハノイと地方へ赴き、貧しい人たちに無償の治療を施している。日本の自宅で家族と過ごせるのは、年に1日か2日だという。

フリーの活動で得た収入で、家族の生活とベトナムでの活動費用をすべてまかなっており、ベトナムでは患者からいっさいの金銭を受け取らない。渡航費、滞在費、医療品代なども、すべて自分の持ち出しで活動を続けている。

ベトナムで、午前中は平均50人の患者を診察し、一日に10人の手術をすることもあるという。白内障《はくないしょう》、眼底疾患など、ベトナムでは重症の患者が多いそうだ。理由は貧しさゆえに、症状が悪化した段になってやっと病院に来るため。だから、難しい手術の割合は、日本よりも断然高くなる。

だが、目の前に困っている人たちがいる。彼らを放っておくわけにはいかない。自分の技術で彼らを救うことができるのなら、遠慮せずに助けたい。彼にあるのは、その思いだけ。

専門分野は、眼底（網膜硝子体《しょうしたい》）という、眼のなかでは手術がもっとも難しい部位だ。カメラでいうなら水晶体はレンズで、眼の奥にある網膜はフィルムにたとえられる。網膜は再生が利かず、人工物に取り換えることができない。だから、網膜の傷は致命傷になる。少しでも傷つくと景色はぼやけ、光は歪んでしまう。

普段、多くの人は眼の大切さを意識していない。なぜなら、健常者は見えることが当たり前と思っているからだ。しかし、眼が見えなくなったとしたら、こんなに怖いことはない。この恐怖に直面し、闘っている人が世の中には大勢いるのだ。

「自分の心が死ぬ前に」

そもそも、なぜ服部さんはベトナムに行くことになったのか。

２００１年10月、母校である京都府立医科大学が主幹となって、京都で開いた日本臨床眼科学会に出席したときのこと。世界中から多くの眼科医が招待された中で、偶然、ある一人のベトナム人医師と出会う。話をするうちに、彼女が言った。

「あなたが日本で指折りの網膜硝子体の専門医であるならば、私からお願いがある。まだまだベトナムでは、網膜硝子体の治療技術が遅れている。ぜひ、あなたの技術をベトナムの医師に教えてもらえないだろうか。ベトナムはまだ発展途上で、日本のように豊かではない。多くの貧しい患者が手術を受けられず失明している。なんとか助けてほしい」と。

当時、彼は浜松の病院に勤務していた。その頃、そろそろ自分のしたいことを本気で始めたいと心がうずいていた。本気でしたいこと、それは海外での支援活動だった。高校卒業後に医大を目指し、４浪していたころ、マザー・テレサの活動を追ったドキュメント写真集に衝撃を受け、「いつか国際貢献を」と思っていたそうだ。ベトナム人医師との出会い以来、何か社会に役立つことをしたいという思いが頭から離れなくなった。

最初は休暇を取って、ベトナムで活動することを考えた。病院の院長に何度か相談すると、「そんなに行きたいなら、病院を辞めてから行けばいい」とケンもホロロ。そこで腹をくくった。服部さんは言う。「**勤務医を続けていたら、生活には困らない。しかし、僕の心が死んでしまうのです。今は、思い切って病院を辞めてよかったと思っています。先の不安を考えてもしかたない。人生はなるようになる。大切なのは、今、自分がどうしたいか。それだけです**」。

ベトナム人医師と出会ってから半年後の２００２年４月、服部さんは単身ベトナムに渡った。

ある医師の心ない言葉に奮起

服部さんが医師になることを決めたきっかけは、高校時代にある。末期の胃がんを宣告された父の担当医と、看護師のこんな会話を耳にしてしまった。

「あの患者（服部さんのお父さん）は文句ばかり言う。どうせもうすぐ死ぬのに」

医師は患者を助ける神様のような存在だと信じていた。しかし……。言いようのない悲しみに襲われ、と同時に激しい怒りが込み上げてきた。こんな医者が世の中にはびこっていては、世の中はよくならない。だったら自分がいい医者になろう。そして病気で苦しんでいる人を救いたい、と。結果的に4浪をすることになるが、あきらめずに勉強に励み、母からの応援に背中を押され、京都府立医科大学に合格を果たす。

もし、服部さんがベトナムに行かず日本に残り、開業すれば、年収はおそらく数千万円。いい家に住んで高級車に乗って、毎週ゴルフ三昧という生活ができたかもしれない。知人から、「君の技術があれば、アメリカなら簡単に億万長者になれる」と言われたこともある。しかし、服部さんの医師としての人生はそれでは満足できないのだ。

人間の欲望には際限がない。この手術を一回やれば数万円、100人なら数百万円の報酬が得られる……そんな欲に魅入られると、本来の志が坂を転げるように落ちてしまう。服部さん自身もそうなってしまうのが怖かった。もちろんお金儲けは悪いことではないし、お金自体にきれいも汚いもない。ただ、服部さんはお金儲けに興味がわかないし、心が燃えないのだ。彼の決意はどんな誘惑があっても変わらなかった。自分にとって最も大切なことは、一人でも多くの患者を救うことだから。

10万円でも1万円でもいい。そのお金があれば、目の前にいる人の命を救うことができる可能性がある。しかし、自分のお金を、見ず知らずの他人のために使うことができるだろうか。世界中で起こっている戦争や飢餓、貧困で苦しんでいる人のことをテレビや新聞の情報として知っていても、多くの人はリアルな現実として体験していない。だからわからないのも無理はない。服部さん自身も勤務医をしているころはそうだった。

しかし、彼は現実にベトナムに渡り、体験してしまった。今までの人生観が大きく揺さぶられ、なんとかして彼らを助けたいという気持ちが抑えられなくなった。ベトナムで直面した現実が、服部さんの医師としての本能に火をつけ、お金では得られない生きがいを教えてくれたのだ。

やりたいことが見つかったなら、まずは思い切って一歩を踏み出すべき。お金のことや先

のことをあれこれ考えても意味がない。そもそも若いうちは、失って困るほど大層なものなど持っていないのだから。

大切なのは、今、この瞬間。一人ひとりが、それぞれの場所で、今できることを精いっぱいやれば、誰もが本来持っている力をもっと発揮できると思う。服部さんのように、自分でチョイスをし、瞬間を生きることができたなら、文句や愚痴が出てくるはずがなく、自分の本当の力、可能性が次々にわいてくる。可能性は誰にとっても無限大なのだ。

吉岡秀人：ジャパンハートという取り組み

もう一人、小児外科医であり、特定非営利活動法人ジャパンハート代表の吉岡秀人《よしおかひでと》さんを紹介したい。人気テレビ番組の『情熱大陸』で3回も特集されているので、ご存じの方も多いかもしれない。

ジャパンハートの主な活動は、アジアの途上国へ、日本から多くの医師、看護師などの医療ボランティアを派遣すること。診療・手術などの医療支援を実施するほか、保健活動、医療人材育成支援、養育施設運営、視覚障害者自立支援、国際緊急医療支援など、活動は多岐にわたっている。

吉岡さんたちの活動はミャンマーからスタート。今ではカンボジア、ラオス、フィリピン、バンコクなどに活動の場を広げながら、幼い命を救い続け、年間約２０００件もの手術を行い、その数は累計で1万人をゆうに超えている。吉岡さんは、医師の中には、国際貢献したい人がたくさんいると考えている。ただし、時間や家族の都合で長期で派遣されるのは難しい、あるいは国境なき医師団などに入るほどの勇気や語学力がないといった人々だ。しかし、そんな彼らも2泊3日から数週間ならば自分の力を試したい、社会に貢献したいという思いは若い頃から持っているのだ。ジャパンハートはこのニーズに応える仕組みを構築したのである。

新しい名刺で活躍するプラットフォーム作り

ジャパンハートが受け入れている医療ボランティアは年間５００名以上にもなる。それだけ、何らかの形で社会貢献したいと思っている医師・看護師が多いということだが、その思いを実現するプラットフォームがこれまでなかったということでもある。

ジャパンハートにおいて、吉岡医師は参加のハードルをなるべく下げる努力をしている。時間のフレキシビリティもそうだが、英語力も派遣の前提とはしていない。もちろん語学は重要だが、それを前提とすると参加の障壁はかなり高くなり、肝心のボランティアが限られてしまう。語学研修は後回しにしても、まずは参加が先という考え方だ。では、実際の活動の様子はどうなのだろうか。

例えば、カンボジアでのある行動日程では、はじめに日本人医師と看護師5〜6名が、いくつかの無医村地域に大型バンで乗り付け、そこに待っていた200人もの患者を診断して「薬による治療組」と「手術による治療組」にてきぱきと振り分けていく。具体的には、一一日にして約80人の患者を一気に診察し、この患者には手術が必要だが、こちらには薬だけで大丈夫、その他は家で安静にしていれば治癒するなどと、次々判断していくのである。

翌日から数日後には、第二陣として同じく数名から構成される手術グループが到着し、なるべく現地の機材を使って現地の医師とともに数十人規模の施術をしていく。現地の機材を使うのは、現地の医師だけになっても施術が可能となるようにするためだ。

派遣される医師や看護師は自らの意思で休暇を取得して、医療ボランティアに参加している。当然だが、旅費も滞在費もすべて手弁当で、設備も整っていなければ、医師・看護師間の厳格な線引きもない。臨戦状態の現場では、医師も看護師も自分が持っているすべてのスペシャリティーを発揮しなければならない。この修羅場経験を通じて、彼らは自分たちの医療従事者としての新たな存在意義や可能性を知ることができるのだ。

吉岡さんの取り組みが素晴らしいのは、彼の医師としての生き方もそうだが、ジャパンハートという多くの医療従事者が国際貢献できる、プラットフォームをつくり上げたことだろう。

「これからの日本をよろしく」

彼の活動の原点は、1990年代にミャンマー（旧ビルマ）を訪れていた慰霊団からの要請だったという。ミャンマーでは約20万弱の日本兵が敗走の末戦死している。いまも何千何万という遺体が各地に埋葬あるいは放置されたままだ。その霊を慰霊するために多くの日本人遺族が同地を訪れていたのだが、彼らが目にしたのは医者にかかることの出来ない貧しいミャンマー人の現実だった。戦時中ビルマの人たちは敗走する日本兵の面倒を親身になって見てくれたという。慰霊団の方々はその話を聞くにつれ、医者にもかかれないミャンマー人の姿を見かねて吉岡さんにその治療を要請したのだった。とくに、戦後も半世紀が過ぎ去り遺族の高齢化が進むにつれ、この願いは切実となっていった。こうして吉岡さんのミャンマー詣でが始まったのである。吉岡さんはミャンマーで当時の話を聞くにつれて、これは日本兵が受けた篤《あつ》い恩情に対する恩返しだと思うようになったという。

結局、彼はミャンマーの僧院に施設を借りて病院を開設し、無償の医療をすでに15年近く続け、近隣のカンボジア、ラオス、フィリピン等にも活動の幅を広げている。2015年の1月にどうしても吉岡さんに会いたくなった僕は、ミャンマーの病院に彼を訪ねた。病院の中庭でこれまでの話を聞いた最後に、彼が呟《つぶや》いた言葉が忘れられない。長年の医療活動を振り返って、吉岡さんはミャンマーの大地に立って自分のことや戦死した人々のことを思う時があるそうだ。「自分のやっていることは何なのか、自分はいったい誰なのか」そう思い悩む最近の彼の心に浮かんできた言葉は、戦死者たちからの「これからの日本をよろしく」という言葉だったそうだ。ここで、僕は思わず泣いてしまった。異国の地で年間何百という執刀をこなす吉岡さん、結局彼が戦死者たちから託されたのは日本の未来だったのだ。

ジャパンハートに参加した医師・看護師たちがアジア各地で行っている活動は、必ず日本の未来に還元されると思う。日本の医療は時間をかけすぎだし、高額すぎる。そもそも、日本の保険制度は破綻寸前だ。ジャパンハートの医療ボランティアスタッフたちには、現地で感じた日本の医療現場の違和感やギャップを元に、未来を見据えた新たな医療スタイルを確立していってほしい。ジャパンハートの取り組みが、日本の医療界に、素晴らしいリバース・イノベーションを届けてくれることを期待している。

1枚目の名刺だけにすがらない

世界に出て、仕事をすること、生活をすることは、いろんな付加価値を得られる絶好の機会となる。日本IBMで女性初の取締役を務めた後、ベネッセホールディングス取締役副社長、ベルリッツコーポレーションCEOを歴任した内永《うちなが》ゆか子さんにある会合でお会いしたとき、彼女がとてもいいことを言っていた。

「やっぱり日本の男たちは駄目だと思う」と。

彼女はずっと海外で仕事をしていたから、どんな国にいようと、どんな会社にいようと、世界の男たちはつながっていけるということがわかっていた。ところが日本の男たちは会社人生が終わった瞬間に、すべてのネットワークが切れてしまう。「あの人どうしたんだろうね」というふうになってしまう。「残念ながら、日本人の男は会社の看板で生きてきている。一個人として生きていない」というメッセージだった。

そういった意味で考えると、森泰吉郎さん、藤巻幸大さん、山海嘉之さん、中谷巌さん、服部匡志さん、吉岡秀人さんは、本業の名刺を奪われたとしても、自分の名前だけで勝負していける日本人たちなのだ。彼らの共通点は、人生そのものが豊かでありながら、「2枚目の名刺」にチャレンジしているということだ。「2枚目の名刺」を持つことで、自分自身のネットワークを広げ、自分自身の人生と可能性の幅も広げていく。なによりも、自分自身が磨かれ、輝いていくのだ。

さて、本章で紹介した方々以外にも、今、「2枚目の名刺」ホルダーがどんどん増え、その活躍が始まっている。次章からは、僕が様々なかたちで活動を応援している、素敵でユニークな「2枚目の名刺」ホルダーたちの挑戦とその生きざまを紹介していきたい。

第4章　身近な「2枚目の名刺」ホルダーたちの挑戦

蛭間芳樹「働く環境を自ら創造する」

蛭間芳樹　Yoshiki Hiruma
株式会社日本政策投資銀行　環境・CSR部　BCM格付主幹／東京大学生産技術研究所都市基盤安全工学国際研究センター協力研究員／ホームレス・ワールドカップ日本代表「野武士ジャパン」監督

1983年、埼玉県生まれ。宮代町立笠原小学校卒業ののち、2009年、東京大学大学院工学系研究科社会基盤学専攻卒（工学修士）、同年株式会社日本政策投資銀行入行、営業部門を経て現在、環境・CSR部　BCM格付主幹。現職のほか、防災・危機管理・レジリエンスに関する、政府、官公庁、経済界の兼職多数。また、世界経済フォーラム（ダボス会議）リスク・レスポンス・ネットワークパートナー「リスク＆レジリエンス研究」、一般社団法人日本再建イニシアティブ「日本再建に向けた危機管理プロジェクト」コアメンバーなどを務める。サッカーによるホームレスの自立支援、スポーツによる社会変革を活動目的としたホームレス・ワールドカップ日本代表「野武士ジャパン」監督をボランティアで２００９年から務める。２０１５年ダボス会議のヤング・グローバル・リーダーズに選出。

２００９年、「日本元気塾」の塾生募集の広告を日本経済新聞に出稿した。ネーミングがかなりベタで、下手をすると新興宗教あるいは右翼団体とも受け取られかねない塾名である。「本当に塾生は来るのだろうか」と不安がよぎる一方で、「よくわからないけど何だか面白そうだ」と軽はずみな人間が来るのではないかという期待もあった。どうせ言葉では語れない塾を創るんだから、丹念な説明など出来る訳もない。ブランドも実績もないこの塾にどれくらいの人々が興味を示すのか見当もつかなかった。ただ、だからこそ「何か動いてみたい」という未知にチャレンジしたがる塾生がやってくればいいとも思っていた。

そもそも、「この塾に行くと、どんなリターンがあるのですか」、「どうしたら行動できるんですか？」といちいち聞いてくるような人間では、永久に動けないのが現実だ。自分の意志で一歩を踏み出した瞬間から、その挑戦は始まる。どんな世界でも前に進みたいなら動いてみるしかない。その意味で「軽はずみ」な塾生を期待していた。学生・塾生に言うのは、「やったことで後悔することはない。後悔するのはやらなかったことだけだ」と。

そんな考えに真正面から飛び込んできたのが、社会人1年生になったばかりの蛭間芳樹君だった。海のものとも山のものともわからない「日本元気塾」第1期生に、何の臆測も偏見もなくやってきた。彼は、東京大学大学院工学系研究科社会基盤学専攻で工学修士を取得し、新しい日本の政策金融を担うべく「金融力で未来をデザインします」の理念を掲げた株式会社日本政策投資銀行（ＤＢＪ）に、民営化第1期生として入行した。さすが大企業だけあって、新人にはさまざまな研修が用意されている。しかし、蛭間君は座学中心の基礎研修では飽き足らず、何だかよく分からない日本元気塾に挑戦してきたのだった。２０１５年現在、彼はＤＢＪの看板商品・ＢＣＭ格付主幹という1枚目の名刺を持ちながら、東京大学生産技術研究所都市基盤安全工学国際研究センター協力研究員、サッカー・ホームレス・ワールドカップ日本代表「野武士ジャパン」監督など、２枚目、３枚目の名刺を持って活動している。

東大よりも小学校

そんな蛭間君に「人生の原点は、どこにあったと思う?」と聞くと、「間違いなく、私が卒業した埼玉県の宮代町立笠原小学校での学びとサッカーです」という答えが返ってきた。

「地元にあった公立の小学校です。一年中、裸足が校則です。低学年の頃は画鋲を踏むと大泣きしていましたが、そのうち痛くもかゆくもないほどに足裏が鍛えられましたね。また、校舎に壁がないので、雨の日に廊下を歩くとびしょ濡れでした。義務教育規定に則った通常の科目も勉強しますが、田植え、芋掘りなどの、農業や、歯磨きや自転車乗りの全国大会、俳句コンクール、デッサン、それと人数が少ないということもあって、あらゆるスポーツの大会に出させてもらいましたね。当時は、『今日も徹底的に遊ぶぞ』という感覚で学校に行っていました。でも、いま考えると、上手に教育が設計されているんですよ。人間を育てるための全体のカリキュラムがよくできている。例えば、芋掘りしたときに『個人表彰とチーム表彰をします』と先生が言う。個人で一生懸命頑張ってしまうと、個人賞は取れるけどチーム賞が取れない。それってなぜだろう? とみんなで悩み、考えるんです。個人もチームも両方、勝てるためにはどうしたらいいのか。のちにあれはマネジメントの戦略論だったり、限られた資源の分配時に生じるジレンマ問題と気づきましたが、そういう授業を日常的にやっている小学校でした。塾に行く時間なんてもったいないですし、そもそも小中学生が学ぶべきことは、受験科目ではないと私は強く思います」

東大や留学した海外の大学よりも、この小学校教育が蛭間君にいかに大きなインパクトを与えたかが分かる。「歳をとって引退したら、ここの校長先生になりたいと本気で考えているんです」とまで言っているほどだ。初等教育は人の可能性を開花させるためのもので、圧殺するためのものではない。学校に行く意味について経営学者のＣ・クリステンセン教授は、「毎日少しずつの成功体験をし、たくさんの友達をつくることだ」といっている。初等教育をもっともっと自己肯定感を高めるものにすれば、蛭間君のような好奇心に溢れた複線型の人材が増えると思う。

サッカー・集中力・何でも見てやろう精神

もう一つがサッカーの経験だ。小学校４年のときにＪリーグが開幕し、多くの子どもたちと同様、蛭間君も三《み》浦《うら》知良《かずよし》選手に憧れてサッカーを始めたのだった。中学・高校では県選抜チームに選ばれ、クラブチームのユース時代には本気でプロサッカー選手を目指していたが、大きな怪我をきっかけに戻る場所を失ってしまったという。その後、高校の部活だけは継続し、全国選手権や日本代表を目指したがあえなく敗退。受験勉強を本格的にスタートしたのは高3の12月からなのに、大学進学してしまうところが並の集中力ではない。しかし、大学時代も一ヵ所にじっとしていた訳ではない。複数の大学に顔を出しては講義やゼミに参加していたという、少し変わった大学生でもあった。

「学部のときの授業は、時間の許す限り他大学の授業を受けに行きました。一橋、東工大、早稲田、慶應、中央、明治などなど、首都圏が中心ですが。専門とした社会基盤学の守備範囲も相当に広いんですが、他大の専門科目、著名な討論番組に出ている教授、国の委員会や民間の研究会の座長をしている教授とか（多分座長だから日本で一番偉いんだろうと当時は思っていて）、そういう人たちの講義を片っ端から受けに行っていました。そんなことをしているうちに、はじめはモグリだったんですが、大学間で単位の互換制度ができて、他大学の講義でも東大の単位になるという。だから、当時は学生証をいっぱい持っていました。今では2枚目の名刺を複数持っていますが、昔は複数の大学の学生証を持っていました（笑）」

この「何でも見てやろう」的な好奇心が蛭間君のチャレンジ精神と発想の豊かさの根底にあるのだと思う。さらに、蛭間君の話からは専攻する学科やゼミの選び方に対して重要なヒントが得られる。いまだに「留学生が多いと学力が落ちる」とか、「進捗度が遅くなる」といった時代錯誤的な発想をする教授もいるが、留学生が多いということは、国際標準の科目であれば日本にいても留学と同じ効果があるということである。蛭間君は言う、「工学部のなかの社会基盤学を専攻しました。学生の半分が留学生なので基本、講義もすべて英語です。先生も片言、我々も片言、そして大学院まで全部片言英語でした。それがよかったんですね。縁があってハーバードとMITに短期留学しましたが、おかげで何とかなりましたから（笑）」。日本にいても下手な留学よりも効果のある学生生活は送れるのだ。

ちなみに、蛭間君は高校生の時に学校とサッカーの両立についてお父さんとケンカをして以来、大学院を修了するまで自分で学費を払ってきたそうだ。奨学金はもちろん、常に2〜3アルバイトをかけもちしてきたらしい。そんなハングリー精神も貪欲な学びの姿勢につながっている。

防災研究者から金融マンへ

「防災や危機管理って、今はそれなりに重要視されていますし、学問としても広まっていますが、僕が大学や大学院で研究していた当時はとてもマイナーな専門分野でした。学部時代の2004年の新潟県中越地震、大学院時代の中国・四川《しせん》大地震などで、被災地の現地調査を行ったのですが、被災地の強烈な現実を目の当たりにしたことで、人生のスイッチが入ったというか、強烈な原体験になりました。これまでの防災研究そのものに対して、いろんなことを考えはじめるのです。それは、なぜ、日本をはじめとする地震が多発する国や地域で毎回、毎回、同じようにたくさんの人が亡くなるのだろうか。少し変な言い方かもしれないですけど、『防災の研究者や政策決定者はいったい何をやっているんだ！』と、本気で憤りを感じました」

結局、東日本大震災でも指摘された防災の教訓は、阪神・淡路大震災のときからまったく変わらない。なぜ変わらないのかと考えて、たどり着いた結論は、「〝防災ムラ（蛭間君の言葉）〟の研究者は、自分の研究や技術開発に固執していて、それですべてが解決すると非常に狭い視野で防災を捉えている気がします。全体や社会との関わりという視点が乏しい。特に防災と公共政策、経済、金融をやっている研究者は皆無です」。すなわち、防災をより広いコンテクストの中で考えている人がほとんどいない、ということだった。「経済・金融畑の専門家が〝防災ムラ〟に飛び込んでくる可能性は低い。ならば、自分からそちらに行ってみよう」と考えたわけだ。

蛭間君は、もう一つの理由として、研究者としての先が見えてしまったことをあげる。国内外の学会に行くと、筋書きは大体決まっているように見えた。有名な教授、准教授、助教、博士課程院生などがしっかりとした序列の中で生きている。このムラ社会の中で〝空気を読んだ〟研究を続けた将来の自分の姿が、修士のタイミングで見えてしまった。当時の指導教授（東京大学　目黒公郎教授）からは、「博士前期課程までできて、何を考えているんだ！」と猛反対されたが、「最後はエイヤ！　です。俗に言う脱藩ですかね」と蛭間君は笑う。「100人並んでいる行列に101人目で並ぶのではなく、何でもいいから1番目に並ぶのがお前の生き方なら、それは素晴らしいことだ。その生き方を全力で応援する」と卒業時に目黒先生から言葉をもらった。そして2009年、株式会社日本政策投資銀行に民営化の第1期生として入行を決めたのである。

イノベーションは新しい組み合わせ

蛭間君はこうして防災研究者をやめて強い意志をもって金融マンになったわけだが、人生はそう簡単には運ばない。生まれてから不景気しか経験したことがない彼が就職したときの最大のモチベーションは、「失われた時代を挽回するために、日本の新しい未来に貢献する21世紀の政策金融を何とかしたい」というものだったが、2009年に内定をもらった瞬間にリーマンショックが起こり、割り当てられたのは日本の産業を支えた企業群に対する危機対応の金融支援だった。しかし、ゾンビ企業を救済するだけのような旧来の政策金融であって、こんなことをするためだけに入ったわけではない。そこで何か新しい政策金融の仕組み＝商品を設計したいと考えるようになった。

その中で、もともと存在していた防災格付け融資商品の存在に気づき、その見直しとリニューアル設計に関心をもったのである。約半年かけて市場可能性など様々な方向性から全面改訂を施し、「国内外の社会や顧客に必ず求められる商品になる」と確信して設計したのが「ＤＢＪ・ＢＣＭ格付融資」である。２０１５年３月末での利用企業が１８０社、融資総額が約２０００億円にのぼり、フィリピン共和国など災害脆弱国を中心とした海外にも展開するＤＢＪの看板商品となったイノベーションだ。なぜ、ここで敢えてイノベーションという言葉を使うかというと、イノベーションの始祖シュムペーター教授曰く「イノベーションとは新しい組み合わせ」だからである。

彼が開発した「ＤＢＪ・ＢＣＭ格付融資」とは、企業の危機管理力を防災・事業継続対策（ＢＣＭ＝business continuity management）の観点から評価し、その結果を融資条件（たとえば金利）に反映させる世界初の取り組みである。通常の企業の財務情報審査に加えて、危機事案が発生した際の経営、事業継続の戦略など、いわゆる非財務情報を評価する「ＢＣ

Mスクリーニング」を実施し、融資金利に差を付けるのである。BCMや危機管理に真剣に取り組んできた企業にとってこの格付けを得ることは、金利という経済的優遇を受けられるだけではなく、関連企業・取引顧客への対外的信頼を得るためのツールとなっている。彼がずっと学んできた防災の知識と、より社会にインパクトをもつ金融の知識。この新しい組み合わせだからこそイノベーションなのである。

しかし、この商品化もすんなり行ったわけではない。反対する役員と激しい格闘を何度も繰り返しながら実現したものである。結局、蛭間君はBCM格付融資の立て役者ということで行内外から評価を得て、DBJは「BCM格付融資を通じてレジリエントな日本社会をデザインする」ことを理念に掲げるようになっている。しかも、ダボス会議（2012年）や国連国際防災戦略（2013年）のレポートで「BCM格付融資は世界規模に影響力がある」、「社会のレジリエンス向上に貢献する金融商品」など非常に高い評価を受けたのである。日本初の金融商品が海外に展開するのは、おそらく史上初だろう。

ホームレスのワールドカップ？

さて、「今は、防災と金融が私の看板になっているように見られますが、これまでの人生の中で一番長いキャリアや専門はサッカーなんです」と蛭間君は笑う。ホームレスの人たちが選手のサッカー日本代表チーム「野武士ジャパン」の監督を務める蛭間君だが、なぜそんなことになったのか。それは、「日本元気塾」での活動がきっかけとなっている。

「あれは会社に入ったばかりの4月か5月ぐらいだったと思います。退屈していた新人研修の最中です。日本経済新聞を毎朝読み、翌日の見出しを予想することがなんとなくマストになっていて、理系出身の私からすれば、まずよく分からない言葉が羅列されていてチンプンカンプンでした。そうしたら、日本を元気にしたい人集まれ！　みたいなキャッチコピーの『日本元気塾』の塾生募集広告が目にとまった。なんだこれ!?　頭がおかしいんじゃないの？　と思いながら、多少の興味でとりあえず携帯でエントリーしてみたのです。『一人ひとりが元気でなければ、国が元気になるわけがない』という日本元気塾の理念に素直に共感し、次世代ビジネスからソーシャル・イノベーションまでさまざまなプログラムを1年間勉強しました。

そこで、ホームレスに自立の機会を与える雑誌『ビッグイシュー』の存在を知ったのです。いま思うと恥ずかしい限りなのですが、当時の私は、日本のホームレスの人たちの事情をほとんど知らず、世界第2位の経済力があるこんな豊かな国でホームレスになるということとは、単純に彼ら自身の努力が足りないからだ、これまでの人生をサボってきたからだと思っていました」

日本元気塾のモットーはとにかく行動である。毎期ソーシャル・ビジネスのケーススタディとして『ビッグイシュー』の販売サポートをしている。ご存じの方もいると思うが、『ビッグイシュー』とはイギリスで始まったホームレスの自立を支援する仕組みである。定価350円の雑誌『ビッグイシュー日本版』をホームレスである販売者が路上で売り、180円が彼らの収入となる。最初の10冊は無料で提供し、その売り上げを元手に、以降は1冊170円で仕入れてもらい、販売活動を続ける。この活動を繰り返すことで、貯蓄を増やしホームレス状態から抜け出す第一歩を踏み出してもらう社会貢献の仕組みである。蛭間君もこのプログラムに参加してもらい、何とサッカーコーチまで引き受けることとなってしまったのである。

「実際に、ホームレスの方と一緒に『ビッグイシュー』を販売してみましたが、なかなか売れない。『すみません、今日は3冊しか売れませんでした』と彼に謝ったら、『そもそも素人の営業力に期待していないから何とも思っていない。そんなことはいいから、今度の土曜日、一緒にサッカーやらない?』と言われて。最初は、この人、少しおかしいと思いましたよ。ホームレスの方ですよ。サッカーやらない？ って……何でサッカーしてるんだ、って。でも、実際に練習に行ってみたら、価値観を揺さぶられる衝撃を覚えました。すごく彼らとのサッカーが面白かった」

ちなみに、蛭間監督率いる野武士ジャパンは2011年にフランスで開催されたホームレス・ワールドカップに参加している。残念ながら全敗だった。その後の公式戦でもまだ1勝もできていないようだが、それでいいのだと蛭間君は言う。野武士ジャパンの目標はあくまでも選手の自立だからだ。ワールドカップに参加した8人のうち、7人はホームレス状態から脱却し、自立の歩みを始めている。蛭間君にとって、「それが一番の喜び」だという。

雇用の流動性に耐える2枚目の名刺

野武士ジャパンの監督就任も、蛭間君にとっては決して単なる思いつきではない。彼は、ホームレス問題は社会保障、財政再建、雇用問題、労使関係、基本的人権など現代社会を構成する複雑系の末端と捉え、かなり根源的な社会問題だと確信している。とくに、日本のホームレス問題はこれまでの雇用慣行から生み出されていると実感している。前述したように、野武士ジャパンはワールドカップで1勝もできなかった。なぜ、日本が勝てないのか。

ではない。

その理由は簡単で、日本のチームメンバーは高齢者が多いからだ。メキシコ、イタリア、フランスなど世界の強豪はメンバーの平均年齢が20代と若く、とても日本チームが勝てる相手ではない。

ヨーロッパや南米チームがなぜ若いのかというと、そういう労働市場となっているからだ。会社の採用基準は会社が必要としている能力だけで、若くてもスキルや経験がない人たちは採用されない。日本のような新卒プレミアムやポテンシャル採用など存在しない。

一方、新卒一括採用がこれまでの主流であった日本の雇用システムは、若者よりも高齢者にひずみが出るような形になってきた。しかし、あっという間にホームレスの低年齢層化が進む可能性もある（現に、若者の貧困化が顕在化している）。まず、増加しているニートや引きこもりがホームレスの大きな潜在予備軍だからである。ニート・引きこもりを一度経験すると、日本では正規雇用の道がまったく閉ざされる傾向がある。人事部の最大関心事のひとつは、履歴書に空白期間がないことだからだ。少しでも空白の期間があると、不安定な非正規あるいは臨時雇用が継続することとなる。もし、彼らあるいは彼らの家族に何らかの事故や不幸があれば、若年ホームレス化は起こりうる事態なのである。

正規雇用のサラリーマンでも油断はできない。産業構造の変化やグローバル経済の進展によって、日本の長期雇用システムも大きな変化を迎えている。しかし、終身雇用を前提に大きな住宅ローンを組む人も多く、雇用が不安定になった時のバッファーが整備されていないため、ローン破綻・住宅接収などが急速に現実化する可能性も高い。蛭間君はその現実を踏まえて、こう言う。

「これからの日本において、個人の生活や、社会の将来を充実したものにするためには、どんな生き方や仕事に就こうが、優劣の価値観ではなく、互いを認め尊重し合い包摂することが重要だと思います。そのためには、確固たる〝個〟や自分自身に対するリーダーシップやオーナーシップを確立することが、ますます大切な取り組みになるのではないでしょうか。社会のメインストリームは、いつ変わるか分からない時代ですから、学校の秀才のような環境適応型人間ではなく、自ら環境を創造することができる人を育てないといけないですね。私も皆さんも、これまでのいくつかの偶然が積み重なって、こちら側にいるだけなんです」

と。

南部亜紀子「ハッピーデイを立ち上げろ」

南部亜紀子　Akiko Nambu
東京個別指導学院　教室長／「HAPPY DAY PROJECT実行委員会」代表
1973年、熊本県生まれ。ベネッセコーポレーション在職中に「日本元気塾」に入塾。国連が2012年に3月20日を「国際幸福デー」と制定したことを受け、「HAPPY DAY PROJECT」を立ち上げる。2014年より、グループ会社の学習塾「東京個別指導学院」に出向。

読者諸氏は、「3月20日は何の日？」と問われたら何と答えるだろう。「日本では春分の日?」と反応するかもしれないが、実は「International Day of Happiness（国際幸福デー）」である。「幸せの王国」として知られているブータン王国の提唱により、国連は3月20日を「国際幸福デー」とすることに決めたのだが、日本ではほとんど認知されていない。そこに目をつけたのが、日本元気塾の米倉塾3期生の南部亜紀子君だった。彼女は、「3月20日を幸福について考え、感謝する日として定着させたい」というプランを卒塾課題として発表。その想いに賛同したメンバーが集まり、2013年3月20日に日比谷公園を借り切って「HAPPY DAY TOKYO 2013」という一大イベントが開催された。初年度は1万人以上の集客に、2年目となる「HAPPY DAY TOKYO 2014」では2日間で3万人、3年目も3万人以上の集客に成功した。そんな彼女はベネッセコーポレーションの社員として勤務しながら、2枚目の名刺ホルダーとして、「HAPPY DAY PROJECT」の実行委員会代表を務めている。

ベネッセの総務部で働いていた南部君の入塾動機が面白い。同じ部で、仕事一筋で尊敬はできるが、面白くもない人生を送っていると思っていた男性上司が、「日本元気塾とかいう変な塾」に入って以来劇的に変わった。その様子を見て入塾してきた彼女も恐いもの見たさいっぱいの好奇心の持ち主なのかもしれない。総務の地味な仕事を7年ほど続け、少し刺激を求めていたタイミングでもあった。

暗黙知を学ぶ日本元気塾は、塾生が自分自身の変化、ブレイクスルーを経験できるようなアクションプランを用意している。その一つが『ビッグイシュー日本版』の販売であり、もう一つが『私の履歴書』を書いて発表するというプログラムである。これは、日本経済新聞社をスピンアウトして、「教育と探求社」というベンチャーを起業した宮地勘司《みやじかんじ》君が開発したプログラムで、少人数のチームを組んで過去の写真を見せ合いながら、小さいころのこと、これまで誰にも言わずに隠してきたこと、今まで一番印象に残った出来事などを話し合って、A4用紙1ページの短い『私の履歴書』を作成するというものだ。人によっては、経年的に幼稚園から始まりいまある自分までを描く人もいれば、ある印象的な出来事や想い出だけを切り取って鮮やかに自分の履歴書にする人もいる。不思議なことに、半日ほどのプログラムにもかかわらず、このやり取りで多くの参加者は思いがけない自分を発見したり、心の奥にしまっていたことを初対面の人たちにさらけ出すこともある。

衝撃的だった『私の履歴書』

南部君はどちらかというと控えめで、自分から前面に出てくるタイプではない。芯の強さは別にしても、強く自己主張したり意見を押し通したりする方でもない。その南部君が『私の履歴書』で書き綴ったパーソナル・ヒストリーは元気塾に大きな衝撃をもたらした。あまりにもストレートで正直だったからである。綴られた履歴で描かれた彼女の母子家庭環境は決して幸せと呼べるようなものではなかった。

「子どものころ、おいしいものを食べるとか、お小遣いで何かを買うとか、周りの子が当たり前にやっていることがまったく出来ない生活でした。『ハンバーガーっておいしいのかな？』と想像するような生活でした」

彼女は高校時代からアルバイトに明け暮れ、高校も大学も奨学金とアルバイト代で卒業している。少しずつ自分でお金を手にし、自分で洋服が買えるようになり、ハンバーガーも普通に食べられるようになる。彼女の言葉を借りて言えば、「毎日毎日、どん底からどうやって這《は》い上がればいいのかということだけを考え、お金さえ稼げればやりたいことが何でも自由にできるんだということを実感し、実践していた青春時代でした」。そのうちに、海外情報をテレビなどで見るにつけ、「日本の外にはどんな世界が広がっているんだろう」と憧れるようになり、いつか必ず海外に行ってみたいと思うようになっていったのである。

南部君は就職活動はせず、大学時代にアルバイトをしていた不動産会社の仲間の起業話に誘われ、卒業後はそのままベンチャーの立ち上げに参画した。しかし、5年ほどでその会社は複雑な事件に巻き込まれ倒産。別の会社に転職を余儀なくされるが、生活の不安は解消されない。もし手に職があれば生活の安定がえられると考え、並行して司法試験の勉強にも注力した。そして29歳の時、昔の夢が忘れられずに彼女はドイツへと旅立つことになる。

「当時は弁護士を本気で目指していました。もう一つ、海外に一度は出てみたいという思いがどんどん強くなっていきました。でも、アメリカのロースクールで学ぶとなると、お金がかかりすぎる。学費も生活費も目玉が飛び出るくらい高い。それで調べてみると、ドイツの大学は学費が無償、しかも日本の法律はドイツに影響されていることも勘案しドイツ留学を決意しました。ドイツ語がまったくできないという不安はありましたが、タダにまさるものはない。実はそれがドイツで法律を学ぶことを決めた一番のポイントです。ちなみにドイツでも、結局3つ4つくらいずっとアルバイトを掛け持ちしながら、3年間かけて大学を卒業しました。後先をあまりきちんと考えない、エイヤ！　の決断だったと思います」

彼女の履歴書はこうした自分の半生を淡々と、しかし赤裸々に描いた衝撃作だった。とくに、シングルマザーを選択した母親との確執と和解のところで、元気塾のクラスはすすり泣きと深い感動に包まれたのである。

ハッピーデイの構想

ドイツから帰国した南部君は、ベネッセに入社し総務部でファシリティマネジメント業務に就くことになった。ベネッセで任される仕事はとても面白く、給料も安定していた。いろいろな意味で、自分が置かれている場所や仕事・生活が安定して、少し余裕ができたのだろう、冒頭の話に戻るが、先輩を変えた日本元気塾に入塾することを決めたのだった。日本元気塾の最終課題は、日本を元気にするアクションプランを考え、自分自身が実行すること。頭の中で考えただけでは許されない。自ら、卒塾課題を実践行動しなければならないのだ。

「元気塾では、本当にいろんな人との刺激的な出会いがありました。でも、正直、入塾後さまざまな授業を受けて、私も心熱く何かで日本を変えようとは思い始めましたが、卒塾課題に関しては、どうしよう、私も何か考えなきゃという程度の後ろ向きな感じだったのです。ところが、本当にちょうどいいタイミングで映画『happy――しあわせを探すあなたへ』というドキュメンタリーフィルムに巡り会い、国連が3月20日を国際幸福デーに制定したということを知りました。自分の人生を改めて振り返って、私は自分が幸せになりたいということだけを考えてここまできたんだと思い至ったのです」

南部君はそこで自分の卒塾課題を、「〝ハッピー〟というテーマをみんなが考えることで、日本はもっと元気になるのではないか」と定めたのだった。彼女は続ける。「実際にどん底をくぐりぬけて一応今幸せだと感じられる自分がいるので、何かそういう考え方が広められるといいと考えて卒塾課題に決めました。日本って幸福度が低いといわれていますが、そこをみんなに改めて考えてもらおうと。しかも、3月20日が国際幸福デーということをほとんどの日本人が知らないし、ホームページを見ても何も書き込みされていません。まだ誰も触れていないこのプロジェクト、いいかもしれないと思ったんです。そんなインスピレーションがあって、HAPPY DAY PROJECTを動かしていきたいと発表しました」。

〝ハッピー〟に集まる仲間たち

南部君が卒塾課題を発表したのは、2012年の12月。翌年3月20日のハッピーデイまでもう4ヵ月を切っていた。しかし、制定元年にハッピーデイをどうしてもやりたいと、彼女は実行を決断。南部君の発表に賛同した米倉塾の塾生はもちろん、藤巻塾、髙島塾、奥山塾の塾生たちも協力を申し出ていった。南部君のどん底からの話を聞いて、彼女から「ハッピーって、重要じゃない？」と問われると、塾生のみんなにも「確かに！」という納得感が広がったのである。こんなに素晴らしい環境で暮らしているにもかかわらず、多くの人が幸福を感じていない日本。国連のハッピーデイの制定。南部君の『私の履歴書』。タイミングもよかったこともあったが、彼女自身が選んだテーマとその実行力にその実現の原動力があった。しかも、奇跡的に3月20日に日比谷公園を借り切ることができた。

イベントは大盛況。ベネッセがスポンサーに名乗りを上げ、いろいろな屋台も軒を連ねた。講演やパフォーマンスを披露する出演者も盛りだくさんで、当時はまだ元気だった藤巻幸大さんも参加した。塾生たちが「日比谷公園でイベントをやることが決まったので、講演をお願いします」と頼むと、彼が可笑《おか》しいのは「いや、俺はね日比谷公会堂か日比谷公園で一度歌を歌ってみたかったんだ」と言ったそうだ。結局、彼が選曲した名曲『We are the world』を来場者と一緒に歌って、会はものすごい盛り上がりをみせたのだった。第2回目、3回目も継続した「ハッピーデイ」では、盟友・藤巻塾頭への追悼の意を込めて、『We are the world』をみんなで合唱している。

いずれにせよ、南部亜紀子という一人の想いに、仲間たちが熱い刺激を受けて、一人またひとりと繋《つな》がって大きな力となった、まさに日本元気塾が提唱する「創発的破壊」のいいケーススタデイになったと思っている。創発的破壊とは、一人ひとりの力は小さくても、それが総和となるととてつもないエネルギーを産み出し、現状を創造的に破壊していく力のことだ。

本業も活性化する2枚目の名刺

普通に考えると、南部君はベネッセでかなり忙しく働き、プライベートではトライアスロン競技もやっている。忙しいことを筆頭に、本プロジェクトをやらない、できない理由もたくさんあったはずだ。

「私ももともとは自分の幸せを優先するタイプですし、仕事とプライベート、それ以外のことってどこにそんな余裕があるんだって感じでした。でも、実際に動きだしたら、たくさんの仲間が協力してくれ、何とかなることがわかりました。ハッピーデイの活動をやったことでよかったのは、会社の仕事にも結びつけられたことです。クラウドファンディングも活用しましたが、どうしても成功させたかったので、会社に協賛をお願いしました。社内にソーシャル・ビジネスの事業化に携わっている先輩がいたので、彼に相談したら、『俺が動いてやるよ』と。正直、この時ほどうちの会社って素晴らしい会社だと思ったことはありません(笑)。ベネッセの理念「よく生きる」にもハッピー、幸福というテーマは親和性があるし、何よりもこういう活動をしている社員を応援したいと協賛してくれたんです」

第1回目の成功が評価され、第２回目にはベネッセの人気キャラクターである「しまじろう」のＥＶカーが登場し、副社長もバンド演奏で登壇してくれた。さらに、南部君が所属している総務部が環境活動をアピールする場として会場ブースを使ってくれることとなり、２枚目の名刺による活動が、本業の仕事の一部になったというわけだ。

「自分でも本当に不思議なんですよね。こういうことをやっている自分が。これまでの性格や人生を考えたときに、人のためになることを真剣に考える人間になるなんて思いもしなかったし。今でもそれは、感覚として不思議なままです。ただ、本当にハッピーって誰にでも伝わりやすい。世の中には、それこそ平和とか愛とかいろいろなテーマがありますけど、幸せって人にとっても自分にとってもいいものなので、共感しやすいんだと思います。もう一つ感じていることは、こうした輪は一気に広がるという事実です。現在のプロジェクト・コアメンバーは約20名。ベネッセの同僚、イベントプロデューサー、自営業、アナウンサー、教師、銀行員、設計士など、専門分野はバラバラですがそれぞれの得意分野でイベントを支えてくれています。これまで雲の上にいたような方にも会えるようになりましたし、世界で活躍するハッピーデイ関係者の多くともつながりました」

南部君はもちろん、今後も2枚目の名刺である、HAPPY DAY PROJECT実行委員会代表を継続していくわけだが、実は自ら手を挙げて、グループ会社の東京個別指導学院へ出向することを決めた。

「これまで私は会社を転々としてきているので、ベネッセでずっと働くことにこだわりはありません。ただ、違うことをやるといって会社を辞めるのはいつでもできますが、せっかくベネッセグループにいるのであれば、グループ内で面白そうな仕事にまだまだチャレンジしたいと思い、今回いい機会だったので手を挙げました。私は、将来こういうふうになっていたいとか、未来を描きながら生きていくタイプではなく、とにかく目の前のことをがむしゃらにやりながら生きてきた。でもハッピーデイを始めて以降、少しずつ変わり始めている自分が見えてきました。正直、ハッピーデイの準備はとても大変でした。土日もなく、睡眠時間2~3時間がずっと続くような毎日でしたが、自分がやると言ったのですから誰にも文句は言えない。つらくても納得感があります。今、新しい会社に変わってゼロからのスタートなので、これまで積み上げてきたものが一回全部崩れて、ゼロからというのはさらに大変だなと感じながら日々過ごしていますが、頑張るしかないです。そんな生き方をこれからも繰り返していくんだろうなと思います」

総務という会社のバックヤード業務から一転、個別指導塾を運営する教室長の仕事を新たに始めることになった南部君。会社員をやっていると、自分の意思でなくとも転勤はあるし、部署替えもある。しかし、これらを乗り越えて継続できないと本当の2枚目の名刺ホルダーにはなれないと思う。1枚目の名刺の立場や環境が変わっても、その2枚目の名刺に自走する能力がついていれば、どこにいようとその活動ができる。南部君は言う。「そういった意味で、1枚目の名刺と2枚目の名刺を上手に共存させることができるかどうかは、これからが本番というところですね」

これから就職活動をする学生たちにも伝えておきたい。ベンチャー企業には格別な面白さがあるが、大企業には大企業でしか経験できないチャンスもある。それは規模が大きいので、いろんな事業や職場を持っているということだ。その多様性を自らの感度と行動力で主体的に体験していくことが大事だと思う。昔はレールが敷いてあって、それに社員を乗せた人事がずっとキャリアプランを考えてくれ、後は受動的に定年まで行けばよかった。しかし、会社に言われるままに生きていけば安泰という時代はとっくの昔に終わっている。やはり今は、自分で自分を磨いたり、自分を高めるために会社の中にあるチャンスをたくさん使うという姿勢が重要だ。単に「大企業に行きたい」ではなくて、せっかく大企業を目指すなら、そこで何を実現するのかまで考えておいて欲しい。

遠藤謙
「新しいエンジニア像」

遠藤謙　Ken Endo

ソニーコンピュータサイエンス研究所研究員／Xiborg代表取締役

１９７８年生まれ。２００１年慶應義塾大学機械工学科卒業。２００３年同大学大学院にて修士課程修了。２００５年より、マサチューセッツ工科大学（ＭＩＴ）メディアラボバイオメカニクスグループにて博士課程の学生として、人間の身体能力の解析や下腿《かたい》義足の開発に従事。２０１２年博士号取得。現在、ソニーコンピュータサイエンス研究所研究員。ロボット技術を用いた身体能力の拡張に関する研究や途上国向けの義肢開発に携わる。２０１４年には、競技用義足開発をはじめ、すべての人に動く喜びを与えるための事業としてXiborgを起業し、代表取締役に就任。２０１２年、ＭＩＴが出版する科学雑誌「Technology Review」が選ぶ35歳以下のイノベーター35人（ＴＲ35）に選出された。また、２０１４年にはダボス会議ヤング・グローバル・リーダーズに選出。

SNSやスカイプなどコミュニケーションツールの発達、3Dプリンターの普及、スタートアップ投資・クラウドファンディングの広がり、そして一人家電メーカーや少人数のものづくりベンチャーが続々と登場――ものづくり革命は一過性のブームを超えて、現代の経済社会に定着しつつある。クリス・アンダーソンが著書『MAKERS』で示した、「21世紀の産業革命」「製造業の革命」は、確実に進んでいるようだ。この章では、ソニーコンピュータサイエンス研究所（ソニーCSL）をはじめ、複数の組織に所属しながら、自分の能力を十二分に発揮している2枚目の名刺ホルダー遠藤謙君を紹介したい。

遠藤君は、ソニーCSLで研究員として働く一方、元オリンピック陸上競技選手の為末大《ためすえだい》氏、デザイナーの杉原行里《すぎはらあんり》氏と設立したXiborg（サイボーグ）の代表取締役という2枚目の名刺を持っている。また、それら以外にも複数枚の名刺を持って活動中だ。別々の会社や組織の仕事ではあるが、いずれも同じ思想・哲学を出発点とし、ひとつの会社の中ではできないことを外に出ることによって補完し、相乗効果を発揮することを実践しているのだ。その活躍は、米科学雑誌「Technology Review」の「世界を変えるイノベーター35人」に選ばれるなど、様々なメディアでも取り上げられている。今回は、遠藤君が所属している会社と、会社を横断することで得られるものを、彼の活動を通して知ってもらおうと思う。まずは経歴を順を追って見てみよう。

後輩の骨肉腫

遠藤君は、慶應義塾大学大学院でヒューマノイドロボットの研究をしていた。ヒューマノイドロボットとは人型ロボットで、分かりやすいところでいうとＨＯＮＤＡの「ＡＳＩＭＯ」のようなロボットを指す。しかし、高校時代の後輩に足の骨肉腫が見つかったことが転機になり、研究対象を変えることになった。後輩は骨肉腫により両足を切断することになったからだ。遠藤君はなんとか彼の自立を手助けしたいと思ったが、研究していた歩行ロボットではそれができない。これは彼にとって大きなショックだった。自分の研究が実世界で役に立たないことが分かったのだから。

そんななか、彼はマサチューセッツ工科大学（ＭＩＴ：Massachusetts Institute of

Technology) のメディアラボで、ロボット義足を研究しているヒュー・ハー教授の存在を知った。教授自身が10代のときにアイスクライミング中に凍傷にかかり、膝下を失った経験から自らロボット義足の研究を始めた人だった。「彼のもとで学べば、後輩を助けることができるかもしれない」。遠藤君はMITへの留学を決意し、26歳から32歳までヒュー・ハー教授のもとでロボット義足の研究に取り組むことになる。

「いろいろ調べてみると、一般的に骨肉腫に冒され、他の部位に転移が見つかった患者さんの5年後の生存率は50％以下なんですよね。だから、5年以内に彼用の義足をつくらねば、という思いで留学を決意しました」

遠藤君は留学の動機をそう語る。ちなみに、彼の後輩は5年以上経った今でも健在だそうだ。

MITに留学中にさらにもう一つの転機が訪れる。インド人のラボメイトが1年間のインターンシップとして、「ジャイプール・フット」という団体で働いて帰ってきた。ラボメイトによれば、インドでは性能の悪い義足が横行し、義足を装着しているにもかかわらず歩けない人も数多くいるという。彼はその現状を見て、同じコストでも、自分たちならば必ずもっといいものをつくれると、熱く語ったのである。昔から、いつかインドへ行ってみたいと思っていた遠藤君は、夏の３ヵ月と冬の１ヵ月の休みを使い、インターンとしてインドに行くことを決め、インドの義足事情を実感する。

「インドの人たちは、まさに〝安かろう悪かろう〟という言葉がぴったりな義足を使っていました。そのような状況の中で、僕のような技術者が現地で協力し、同じコストでよりいいものをつくれば、彼らの生活を劇的に変えられると思いました。この取り組みでは最先端テクノロジーを使うことはできないけれど、それはそれでインパクトが大きいとすごく感じたのです」

彼らが取ったアプローチは、地場産業と連携しながら現地エンジニアと一緒に義足をつくるという、長期的な考え方に基づいた国際協力のスタイルだった。短期的に見ると時間がかかるプロセスかもしれないが、彼らは現地のエンジニアリングスキルを上げることが重要だと考え、まずは彼らと一緒に義足をつくってみることにしたのだった。現場の近くには、インジェクション・モールディング（射出成形）の工場があったため、そこを使うことを想定しながら遠藤君が設計をし、現地エンジニアと一緒に義足を組み立てて、彼らの手で被験者に渡すというプロセスを構築した。遠藤君の目論見通り、今ではもう現地の彼らが義足を作って、必要とする人たちに提供できるレベルになっている。現地での体制をしっかりと整えるには、結局3年の年月が必要だった。

インドでの活動を通して、遠藤君は次第にMITで続けている自分の研究に疑問を持つようになる。

「ロボット義足って、果たして世界中でどのくらいの人が使えるツールなのかと考えたんです。コストの面で現実問題として、義足を必要としている人の半分以上が途上国に住んでいて、そのさらに半分以上が農村地域のクリニックにも行けないような場所で生活している。要は技術的な問題ではなくて、文化的な問題、貧困問題、人権問題、いろいろな社会問題を考慮したうえで解決していかないと、この問題は解決できない。それらの解決につながる研究を自分は本当にやっているのだろうか」

パラリンピックの可能性

さらに、2007年から2008年にかけて南アフリカ共和国の義足のランナー、オスカー・ピストリウス選手との出会いが、彼のキャリアを形成するうえで重要な役割を果たしている。当時、ピストリウス選手は、パラリンピックだけでなくオリンピックにも義足で出場しようとしていた。しかし、国際陸上競技連盟（IAAF）はカーボン製の義足による推進力が競技規定に抵触するとしてこれを却下する。その判断を覆すために、ピストリウス選手はスポーツ仲裁裁判所（ＣＡＳ）に訴えた。その際に義足の解析が必要となり、義足の第一人者であるヒュー・ハー教授に解析依頼をするためにＭＩＴにやってきたのだ。当時、競技用義足は遠藤君の担当ではなかったため直接かかわったわけではなかったが、ピストリウス選手の走りを目にした遠藤君は深い感銘を受ける。

「『足がない人ってかわいそうだな』という思いがやっぱりあったんですよ、僕の中にも。そんな考え方が１８０度変わったのが、ピストリウス選手との出会いでした。足がないけれども、彼のようにものすごく速く走れる人がいるわけです。競技用義足の研究って、もしかして、ものすごい可能性を秘めているんじゃないか、と思いました。健常者の走り方とはもちろん違いますが、義足でも速くかつ美しい走り方が生まれる。人間が本来持っている、ある運動能力の可能性がなくなったことによって、また新たな人間の可能性が広がっていく――そんな美しい矛盾を感じました」

いま現在、パラリンピックの１００ｍの世界記録はブラジルのアラン・オリベイラ選手の10秒57である。世界記録を持つウサイン・ボルト選手は９秒58。遠藤君は義足のランナーがこの差である０秒99を縮め、ゆくゆくは健常者を超える記録を出せる競技用義足を開発したいという野望を持ったのだった。

ソニーコンピュータサイエンス研究所

そういうプロセスを経て、MIT留学中に、ロボット義足、途上国向けの義足、陸上競技用義足の3つのフィールドに足を踏み入れた遠藤君だったが、留学期間を終えた彼は日本への帰国を決意する。卒業に当たって、いくつかの企業からオファーをもらっていたが、ソニーCSL所長の北野《きたの》宏明《ひろあき》氏に誘われ、同研究所に入所することを決意したのだった。その経緯が新しい企業像を示している。

「インタビューで、北野さんから『今、何しているの?』と聞かれて、『各種義足の研究をやっています。でも、ロボット義足、インドでの義足製作、それと競技用義足、これら3つを同時に進められるような組織が今のところみつからないのです』という話をしていたら、『じゃあうちに来てやればいい』と言ってくれました。MITでは、途上国で義足をつくることがアカデミックな分野として認められないというか、片手間というふうに扱われていました。僕自身は、それでもいいかなと思っていたんですが、ソニーCSLでは、3つすべて平等に自分の時間を当てられて、論文を書く決まりもなく、世の中にインパクトを与えるための活動自体を評価してくれる。ここなら自分らしい働き方ができそうだと思いました。よく『ソニーで義足をつくって販売するのですか？』と聞かれますが、ソニーでは義足を販売するかどうかはわかりません。ここはある意味ラボラトリーで、大雑把に言ってしまうと、『世の中にいいことを研究しなさい。でも、バジェットは限られているから、基本的に一人でやりなさい。ある程度のお金と自由は与えますが、自分の手を動かしなさい。足りなかったら自分でコラボレーターを見つけてきて手伝ってもらいなさい』というスタイルを推進している職場なのです」

第1章で述べてきたように、21世紀は才能ある人材を巡る世界的な戦いである。才能ある若者を狭隘《きょうあい》な規則や労働条件で逃してしまうのはもったいない。とくに、クリエイティブ人材には自由が重要な報酬だ。

また、日本に帰ろうと決めたことに関しては、３・11の東日本大震災も影響しているという。

「あの時、福島に津波が押し寄せるテレビ映像をアメリカで見ていて、僕は日本に帰らなくてはいけない、と強く思ったんです。大切な人たちが暮らす日本に根を張って、隣人を助けたいという、そんな気持ちがどんどんふくらんでいきました。留学中に親が亡くなっているのですが、親の死に目に会えなかったのも大きいです。ただ、日本の会社で働いた経験がなかったので、ソニーCSLの社員になることに多少の不安はありましたが、ありがたいことに、まったくの杞憂に終わっています」

パラリンピック選手がオリンピック選手を抜く

遠藤君が義足を研究する大きなモチベーションのひとつに、競技用義足を進化させパラリンピック選手がオリンピック選手より速く走ることを実現したいという思いがある。その考えになかなか賛同してくれる同志が現れなかった中、ついに元陸上選手の為末大さんとデザイナーの杉原行里さんが興味を示したのだった。その時の様子を遠藤君は次のように語る。

「パラリンピアードがオリンピアードを抜く話をすると、大体みんな半信半疑です。なかなか現実的なプロジェクトだとは思ってくれない。そんな中、すごく面白いと言ってくれたのが、アスリートの為末大とデザイナーの杉原行里という2人で、『じゃあ3人で起業して、資金を調達できる法人という箱をつくって、そこで一緒に選手も育てよう』と設立したのが『Xiborg（サイボーグ）』です。今のところ、僕の本業はソニーCSLの研究員ですが、そこだけではできないことを形にするために『Xiborg』というフィールドを創った。ただ、両方の活動で生まれたデータや技術は双方の知見として持ち合いながら活用していくつもりです。そんな相乗効果を生み出すために、2枚目の名刺ホルダーになったともいえますね」

名刺を2つ持つということは、別々の仕事を2つやるということだけではないのだ。本業の仕事と2枚目の名刺をうまく融合させることによって、相乗効果を生み出すことができる。遠藤君のこの仕事の進め方は、2枚目の名刺ホルダーの新たな成功パターンとなる可能性を秘めていると思う。彼は、ソニーCSLでの活動とXiborgの活動をクロスオーバーさせ、お互いの足りない部分を補完させるサイクルを自らつくっている。

人間らしさ：競技用義足の先にあるもの

ちなみに今、競技用義足がどのように販売されているかというと、一般的には固さが異なるカテゴリーが1から9に分かれていて、その中から自分の体重、走り方に合わせて購入するスタイルだという。パラリンピック競技規則の中に、市販されていない義足を使ってはいけないというルールがある。完全にオーダーメイドされた競技用義足では出場できないのだ。しかし、同じ体重であっても、人によって走り方は千差万別。例えば、ピッチやストライド。1秒間に何歩進むか、1歩1歩の歩幅、さらに体重、断端長、身長、筋肉の量によって細かな差が出てくる。だからこそ彼は、義足の形状、重さ、反発係数のデータを細かく測りながら、市販するための最適な競技用義足の製作を目指している。

さらに、義足を身体的欠陥を補助するツールとしてだけでなく、その先を見据えた未来ツールとして捉えている。それは、彼が「人間らしさとは何か」という思想を常に追求しているからである。「人間らしさとは何か」を考えたときに、彼は無駄な動きや運動がとても重要な要素だと思っている。例えば登山。都会で普通の生活を送るだけなら、別に山に登る必要はない。しかし、人間はなぜ山に登るのか。「そこに山があるからだ」と言った人がいるが、彼はこの答えこそ最も人間の無駄な動きの重要性を示した言葉だと考える。

「人間って体を動かし続けていないと弱っていく生き物なのです。動くことができないと、身体能力はどんどん衰えてしまう。そもそも、人間らしさって何かというと、自由に自分の意思で動けることだと思うのです。例えば将棋。コンピューターの能力がものすごく上がってきています。人間にしかできなかったことが、コンピューターやロボットにもできるようになってきた。でも、複数の解の中から適当かつ最適な選択をするという冗長な脳システムのあり方は、決してコンピューターやロボットにはありません。人間が無駄な動きを楽しむ能力もその冗長性に含まれています。スポーツすることも人間らしさだし、気が向くまま散歩するという動作もそうです。寝たきりになったら一気に年老いてしまいますが、少しでも運動することができれば健康を保つことができる。僕はテクノロジーの力で、〝動けない人に動けるツール〟を提供することが大事だと考えているのです」

サイボーグの未来：少子高齢化社会を見据えて

遠藤君は義足を単に歩行を補助するツールとしてとらえるだけではなく、将来的に健常者を超える競技者を誕生させられるのではないかというワクワク感でとらえている。一方、足を失ったことで生活の糧《かて》がなくなって、生活に絶望するような人たちのための義足もなくてはならない。この両極のつなぎ目、すなわち「ワクワク感」と「絶望からの脱出」を結びつけられるような技術を常に考えている。また、競技用義足を作るだけではなく、健常者も含めた多くの人たちが「あの義足すごい！　自分もつけて走ってみたい」というシーンを見せられるよう、見本市的な場づくりもXiborgでやっていこうと考えている。

2016年には、パワードスーツやロボットアームを装着した人々や、ブレイン・コンピュータ－・インタフェースを操縦する人たちによるオリンピック「Cybathlon（サイバスロン）」がスイスで開催されることが決定している。遠藤君はロボット研究者として主催者側で協力しており、日本人選手を探す活動や日本国内での広報をすでにスタートしている。「この大会が面白そうであれば、2020年に日本に招致したい。そこでロボット義足とパラリンピック選手の育成の両方を柱にしながら、新しい産業を生み出すきっかけにしたいですね」

いわゆる、バイオメカニクス。そもそも遠藤君は、義足だけに限らず、人間の能力を増強する技術、もしくは能力そのものをつくる技術など、人間の動きをサポートするテクノロジーに興味があるのである。膝が動かなくなったら、気軽に服を着る感覚でスマートなデバイスを着けて歩けるような世界を構築する方向で研究を進めているのである。「技術は人間の力を回復させるためにあるべきものだと思うのです」と遠藤君は強調する。

さらに、「障害者と健常者という概念や境目、ひいてはそれらの言葉自体をなくしたい」とも考えている。年老いていくと運動神経が下がり、ある時点で歩けなくなる。しかし、どこからが障害者かという判断は実は曖昧なものである。障害者と健常者の境目もきっぱり分かれているものではない。彼はXiborgの活動を通じて、パラリンピック走者が通常のオリンピック走者を抜き去ることを目指しているが、それは、障害者によって世界記録が塗り替えられることによって人々の意識が変わると考えているからである。

日本企業・日本技術の方向性

彼はまた、日本の義足メーカーとも共同で義足をつくりたいと考えている。アメリカにいたとき、日本製の義足をまったく目にすることがなかったことを悔しく感じたことがきっかけだ。

「日本は技術大国といわれているけれど、義足に関してはまったく鳴かず飛ばずじゃないかと、MITの友人たちによく言われていました。日本に帰ってきて、国内産の義足を調べてみましたが、その性能が海外産に引けを取っているとは思いません。だけど、世界ではほとんど売れてない。問題は、技術の部分以外のところにある。扱っている会社の規模も、中小企業が多いですよね。マーケティングが弱い部分は、何かしらのイノベーションやインパクトで埋められるのではないかと思うのです」

遠藤君は、このように現在の日本の義足メーカーの実情を分析し、「日本発のテクノロジーで、世界をあっと言わせるようなやり方が、僕は好きなんですよ」と頼もしいことをさらりと言うのだ。また、日本のメーカー企業についても興味深いことを語ってくれた。

「例えば、ソニー。確かにここ数年業績は芳《かんば》しくありませんが、ソニーにはやはりソニーらしい文化が残っています。自分のプロジェクトが業績等で潰されても、アンダーグラウンドで続けている人がけっこういるんですよ。ソニーの文化というのは、それをある程度許容して、結果的にめちゃくちゃ面白いものが出来上がったら、大きく引き上げてヒットさせてきた歴史です。ウォークマンやＡＩＢＯなんて、みなそうです。一方、かなり頑張ったけど社内で認められず、退社して自分で起業に挑戦する人も増えています。少し前なら、起業してメガスターという素晴らしいプラネタリウムをつくった大平《おおひら》貴之《たかゆき》さんがいますし、最近も、腕の筋肉が発する電気信号を介して動かす筋電義手を安価で提供することを目指して、近藤《こんどう》玄《げん》大《た》さんがソニーを飛び出しました。**そういった優秀な人材の流動性が、ソニーに限らず大手企業に目立ち始めている気がします。**いろんなことをメディアは書きたてますが、ソニーには、やはり優秀な人材がたくさんいますから、僕には希望の光しか見えません（笑）」

ある哲学者が「生きるために食べよ、食べるために生きるな」という言葉を残している。もし、あなたが食べるために生きていると少しでも思っているならば、２枚目の名刺を持つことを強く勧めたい。２枚目の名刺を持つ理由には、もちろん収入を増やすということもあるかもしれない。しかし、遠藤君のいうように、**金銭的なリターンではなく、「やりがい」というリターンを得ることのほうが、自分の将来を見据えたときには大切だと思うのだ。**

「やりがい」を求める欲張りな遠藤君は、３枚目、４枚目の名刺ホルダーでもある。世界の義肢装具技術の開発や普及、義肢装具制作プロセス・リハビリ・サービスの改善を目指す団体「D-Leg」の代表と、途上国向けものづくりビジネスのワークショップやコンテストを主催する「See-D」の代表も務めている。前述したインドでの義足を作る活動はD-Legとして続けており、バングラデシュやタイ、ルワンダなどでも講演や紹介などを通じて普及活動を行っている。ソニーＣＳＬが本業とも取れるし、Xiborgが本業とも取れる。複数の名刺ホルダーという点も面白いが、どの名刺にも共通の思想・哲学が宿っている。そして、遠藤君はどの活動にも、同じくらいの情熱をかたむけている。何よりも彼は、**複数の名刺を別々に使っているのではなく、横断して活用し、それぞれを補完させあっているのだ。**これも、２枚目の名刺ホルダーとしての活動を成功に導くための重要なポイントだと思う。

功能聡子「2枚目の名刺ホルダーを活かす場を創る」

功能聡子　Satoko Kono
ARUN合同会社代表／NPO法人ARUN Seed　代表理事
国際基督教大学（ICU）卒業後、民間企業、アジア学院勤務の後、1995年よりNGO（シェア＝国際保健協力市民の会）、JICA、世界銀行の業務を通して、カンボジアの復興・開発支援に携わる。カンボジア人の社会起業家との出会いからソーシャル・ファイナンスに目を開かれ、その必要性と可能性を確信し2009年ARUNを設立。

2006年にムハマド・ユヌス氏とグラミン銀行がノーベル平和賞を受賞してから、途上国の貧困削減の切り札のように語られてきた「マイクロファイナンス」。数十ドルから数百ドルの資金を融資することで、途上国の低所得層に自立の機会を与える事業である。ここで紹介する功能聡子さんは、マイクロファイナンスのファンドを集めて途上国支援を行っている。彼女が手がけているのは、ARUN（アルン＝カンボジア語で夜明けの意味）合同会社を母体とした「ソーシャル・インベストメント＝社会的投資」あるいは「インパクト投資」と呼ばれる金融サービスだ。ARUNは日本の個人・企業からの出資金を原資とし、途上国で環境問題や貧困対策に取り組む社会企業に対して直接投資すると同時に、事業に対する技術や経営ノウハウの移転も並行して行う。途上国の優秀な社会企業をターゲットにした、ベンチャーキャピタルと理解してもらえばいいと思う。カンボジアを皮切りに途上国の優れた企業やビジネスリーダーを発掘した上で投資を実行し、ビジネス・バリューアップ支援も行っている。また、投資家自身がARUNの事業に参画運営するという形態をとっており、ARUN事業そのもので途上国・先進国双方にインパクトを与える新しい仕組みづくりを目指している。

功能さんが突然訪ねてきたのは2011年のことだった。彼女は目を輝かせて、「世界の途上国支援は慈善から投資へと大きく舵《かじ》を切っています」と熱く語った。なかでも、オランダでは既にこの種の投資ファンドが600億円以上の規模となり、社会に大きなインパクトを与えているという話は説得力があった。確かに、世界第3位の経済大国になった日本でもこうした取り組みがあっておかしくはない。僕自身もいつの間にかARUN主催のイベントで講演をするなど、ARUNと彼女の活動を応援するようになっていた。そう、功能さんの人を巻き込む、あるいは人を使い回す（笑）パワーはすごい。現在のARUNは、100名ほどのパートナー（2014年12月現在）やボランティアが集まって運営されており、そのほとんどが、経営者、金融マン、教育・国際協力関係者のプロフェッショナル集団だ。会社員という立場を持ちながら、2枚目の名刺としてARUNの活動を手伝っている人たちも多い。功能さんはこれまでの登場人物とは違い、2枚目の名刺ホルダーではなく、才能あるプロフェッショナルたちに2枚目の名刺を作らせる場の提供者なのである。

そんな功能さんが、ARUNの活動を始めるまでの軌跡をたどってみよう。

寄り道だらけの途上国支援人生

ARUNを立ち上げ国際協力に取り組んでいる功能さんも、実は人生の寄り道のプロだった。彼女は中学時代に、ネパールで医療活動を行う日本人医師夫妻やエクアドルで宣教師として活動する女性の話を聞いたことをきっかけに、世界に興味を持ちはじめた。当時は、自然の中で、現地の人たちと触れ合って生活するのは楽しそう、あるいは海外での途上国支援は素敵と単に憧れている程度の感心だった。したがって、進学した国際基督教大学では途上国支援とは無縁の生物学を専攻している。大学時代には南アフリカのアパルトヘイト問題に関心を持ち、世界の不正義をなくすために働きたいと考えるにいたったが、具体的な方法は見えてこなかった。彼女は悩める大学生に言う。「多くの大学生が自分の将来を迷っている、悩んでいると言いますが、いやいや私なんてもっともっと迷っていました。本当に自分はどうやって生きていったらいいか、すごく悩んでいました」。

迷った末に、あるいは迷ったままに、彼女が選択したのは生物学の知識を活かせる医薬品企業の研究所だった。２年ほど勤務することとなるが、当然のことながら「打ち込めない」。そんな「打ち込めない自分」がさらに駄目だと思いなおすのだが、やはり打ち込めない。そんな思いを抱いたまま、彼女は国際協力ＮＧＯのボランティア活動にかかわるようになっていった。

当然のことながらボランティアは仕事よりもはるかに楽しい。水を得た魚のように生き生きとした功能さんは、やはり国際協力にかかわって生きたいと考えるようになった。そして、まず高見敏弘《たかみとしひろ》さんという牧師が栃木県で立ち上げた「学校法人アジア学院/アジア農村指導者養成専門学校」に身を転ずることになる。アジア学院とは1973年に創立された、アジア、アフリカ、太平洋諸国の農村地域から、〝草の根〟的農村指導者(Rural Leader)を招き、栃木県西那須野のキャンパスで、国籍、宗教、民族、習慣、価値観などの違いを認めつつ、公正で平和な社会実現のために実践的な学びを行う学校である。

「アジア学院では、研修活動の他、各国で活躍する同学院卒業生のフォローアップやネットワーク構築を担当しました。彼らの多くは、規模は大小さまざまですがコミュニティのために財産をなげうって働いたり、現地で新しい農業を始めようとするリーダーたちでした。『貧しい途上国の人々を救いましょう』といったボランティア的スタンスとはまったく違ったイメージでした。もちろん座学もありましたが、自分たちが現地でやってきたことを共有して、同じような境遇で頑張っている人たちと意見交換をすることでさらに学びを深めていくという学校でした」

また、日本の有機農業家を訪ねて、栽培技術やマーケティングを学んだりするなど実践的要素が強いものだった。参加者は途上国の農村で活動しているとはいえ、知識・意欲ともに揃い英語も堪能なエリート層である。そのため、実際の汚れ仕事には弱いのが通常である。

その点、日本のほうがそういう格差が少なく、アジア学院の校長でも自分の手を汚しながらやっている。そういう姿を見るとエリートたちも変化していく。アジア学院のカリキュラムでは牛や豚の糞を使った肥料づくりなど、自分たちで全部やるように組まれているという。自分で手を動かすようになると、もともと優秀な人たちなので今までうまくいかなかった理由が見えてくる。その実体験をそれぞれの国に持ち帰ることで、現地の事業が劇的によくなるという実態を目の当たりにして、功能さんも早く海外に行きたいという気持ちがふくらんでいったと言う。アジア学院を都合5年間勤めた後、「カンボジアで仕事がありますよ」というオファーがあって、念願の海外に渡ったのであった。

1995年、日本のNGOの現地駐在員として功能さんは当初2年の予定でカンボジアに渡ったのだが、最終的には10年間在住することになってしまった。彼女の人生の寄り道はもう少し続いていく。

最初の5年間は地域保健医療活動をしているNGOで、カンボジア無医村における保健教育活動と助産師や看護師を訓練するプロジェクトに従事した。その後の5年間は、現地で急拡大したJICA（国際協力事業機構）で契約専門家としてさまざまな仕事をこなしていった。具体的業務としては、大きく3つのカテゴリーに注力したという。1つ目は保健医療分野で、日本と他国からの援助のコーディネーションだった。当時は億単位の技術協力プロジェクトや円借款などが目白押しで、カンボジア政府の保健省と日本及び他国機関との調整業務が重要だったのである。２つ目は、彼女自身ＮＧＯ出身だったこともあり、ＮＧＯデスクをＪＩＣＡのカンボジア事務所内に立ち上げることだった。ＪＩＣＡ事業とＪＩＣＡ以外の団体との情報交換の場創りだった。また、関連するＮＧＯへ助成金を出すプロジェクト案件を、スクリーニング・モニタリングすることもデスクを通じて行っていた。３つ目は、農村開発分野の案件形成のための調査だった。功能さんにとってこの調査は楽しい仕事で、カンボジア国内各所を回りながら、僻地《へきち》の貧困削減のためにＪＩＣＡの専門家チームとタッグを組んで、さまざまなプロジェクト案件をつくる仕事だった。

ある違和感とイギリス留学

種々の国際協力事業に奔走していた功能さんだったが、次第にある違和感が頭をもたげるようになったという。カンボジアの過度な国際援助依存への危機意識と外国人による援助の限界であった。カンボジアでの仕事は楽しかったが、自分の役割をもう一度見つめ直すためにいったん帰国することを決意した。しかし、人類学や社会学に可能性を感じていた功能さんは、フィールドワークを学べばより現場に深くかかわれると考え、ゆっくり休む間もなくロンドン政治経済大学院に留学するのだった。イギリスで学んでいくなかで、「自分の役割は研究活動ではなく、カンボジアで出会った志の高い社会企業家たちの実践を具体的に支援することではないか」と強く思うようになっていく。彼女は違和感を３つの具体例に挙げている。

「先進国が途上国を援助すべきというフレームワークのなかで、国際援助依存度がどんどん上がっていく一方、支援が本質的な変化に結びつかないジレンマというのを感じたのが１つですね。２つ目は、日本がカンボジアを見る目があまり変わらないのに対して、カンボジアはこれからすごく変わっていくなと感じたのです。カンボジア社会は10年の間に大きく変化して、援助を受け取る国から、自分たちでどんどんやっていこうという姿勢に変わっている。若者の意識も変わっている。それなのに、日本から来る人たちはまだ地雷の国とか、ポルポトの国とか、学校を建てなきゃみたいな意識で、現実とのギャップを感じました。３つ目は、カンボジアにいる間に素晴らしいと思っていたＮＧＯがあるのですが、そのＮＧＯのリーダーから、投資家を探してほしいと言われたのです。『援助に頼るだけでは駄目だ。農家と市場をもっと密接につなぎたい。農家が自ら考え、経済的に自立し豊かになれるようにしたい。そのためには自らの力で事業を成り立たせるためのお金が欲しい』と。その言葉が最後に私の背中を押しました」

彼らの話を聞いて、功能さんはエンパワーされた農業家がさらに輝くような投資が実現しなければならないと考え、投資家を探そうと思い至るのだった。イギリスから帰国し、今度は社会的投資事業を日本で立ち上げるための準備を留学先で出会った友人と共にスタートする。大学院で学んだことは現在の業務に直接かかわることはなかったが、留学した1年間はカンボジアでの経験を整理し、国際協力について深く考える貴重な機会となった。まさに、寄り道から生まれた効果である。また、大学院で出会った仲間が立ち上げに参画してくれたからこそ、今のARUNにつながったという。寄り道と出会いは人生最大の宝であり財産だということを示唆してあまりある好事例である。

社会的投資の実現へ

実際に動き出してみると、投資家を探すのはかなり難しいということ、さらに日本には適切な投資の仕組みもないということも分かっていく。ならば自分でそれを創ろうと考え、2009年の初めに、〝ソーシャル・インベストメント・ファンド・フォー・カンボジア〟というパイロット事業をスタートした。それは任意組合で、留学時代に出会ったコンサルタントや金融のプロたちと一緒に立ち上げたものだった。このプロセスを通じて、功能さんは日本にも自分がもつプロのスキルを社会貢献や国際協力に活かしたいと思っている人がたくさんいることに気づいたのである。結果として、任意組合は一人一口５万円を募集して最終的には35人ほどが集まる団体となった。参加者はさまざまな分野でプロフェッショナルとして働いている人たちで、資金ばかりでなく知恵まで出してくれたのである。

意外とすぐかたちになった任意組合だったが、任意組合は無限責任で出資者の負担が大きい。継続的な組織形態は何かと仲間たちと検討を重ねて成立したのが、２００９年12月のＡＲＵＮ合同会社であった。合同会社にするときに、出資額を一口50万円にしたため、参加者は35人から10人に減ってしまったが、組織の永続性を担保するにはそのくらいの覚悟が必要だと敢行した。

株式会社は出資者の出資額の多寡《たか》でパワーバランスが決まるが、合同会社の場合はパワー設計に自由度がある。ちなみに、ＡＲＵＮは出資数の区別なく一人１票の議決権というルールであり、功能さんがＡＲＵＮの代表社員で定款上では業務執行社員が４人の体制である。他の出資者は全員社員であり、ほとんどが別の仕事を持っている人たちである。

「ＡＲＵＮが投資しているカンボジアやインドのビジネスが上場したりすれば、ベンチャーキャピタルと同じようにキャピタルゲインを得ることもできます。そう考えると、夢があります。ただし現在は、途上国で出資金が社会的インパクトを生み出すことを目指している段階です。同時に、日本国内にソーシャルファイナンスの新しい仕組みを創造するという段階でもあります。この大いなる実験に興味を持った人たちが、ＡＲＵＮに参加してくれているのだと思います。

世界には、数十億円規模のファンドがいくつも存在しています。そうなれれば、例えば数％のマネジメントフィーでこの事業を回していくことができます。海外では社会的投資ファンドの運営に対して税制優遇や補助金が入っている場合もあります。日本の場合はまだ規模も小さく、税制優遇も補助金もないというのが現状で、多くの場合が、寄付や個人からの出資を募っているのが実態です。だから、規模が大きくならない限りは運営が回らない。ＡＲＵＮだけが動いていても大きくしていくことはできません。政府や金融機関とも組むなどして、預金から社会的投資へとか、寄付から社会的投資へとか、ソーシャルなお金の流れのいろいろな出口と入り口をつくりたいと思っているのです」

当項の冒頭でも書いたが、ＡＲＵＮという大いなる実験には、多くのプロフェッショナルたちが参加している。それぞれの参加者が1枚目の名刺を与えられている所属先で、大きな責任を持って活動している。ARUNからは給料など資金面で得られるものは現時点ではまだない。そんな彼らは、どのような考えで参加しているのだろうか。

ARUNに集う2枚目の名刺たち

ここからは、ARUNの業務執行社員＝ディレクターという2枚目の名刺を活用している長沼明子《ながぬまあきこ》君に登場を願おう。ちなみに彼女の1枚目の名刺は、日本能率協会の職員。まずは、彼女とARUNの出会いを紹介する。長沼君は社会人になってから大学院に進み、国際協力について学んでいた。研究対象はカンボジアだった。その後、日本能率協会に転職し、同僚が業務でARUNを取材したことでこの活動を知り、興味を持つようになったという。その後、ARUNのメルマガ購読を登録し、ARUNのイベントに参加し始めることになる。

「イベントに参加してみましたが、第1回目ではプロボノ集団の感覚がちょっとよく分かりませんでした。ようやく3回目に参加した頃から、いろいろな人が関わっている実態が見えてきて、やっと面白いかなと思い始めました。ARUNに参加する一番のボトルネックは50

万円という出資額でした。それはかなり思い切りが必要でかなり悩みました。でも、大学院で学ぶというのは既に一回やったし、これからは学んだことを実践すべきフェーズだろうと思うに至りました。本業にもきっと役立つだろうから、50万円の出資も大学院の授業料200万円と比べたら安いものなのではと思ったのです。本当にリターンが得られるか分からないというのも迷いどころでしたが、授業料と考えればありなのでは。そんなふうに思って参加することを決めたのです。2012年に社員として参加し、この2014年の4月からディレクターとなりました。ARUN合同会社では、普通の出資者、すなわち社員をパートナーと呼び、業務執行社員をディレクターと呼んでいます」

長沼君は、投資自体にはあまり詳しくないこともあって、パートナー時代から広報・営業活動に従事してきた。イベントの準備や営業には日中の時間が割けないため、広報のニュースレターを出すなどという仕事だ。また、2014年4月には、NPO法人ARUN《アルン》 Seed《シード》を設立している。その設立以後の絵を描いていく役割も担うようになった。ARUN合同会社が出資者を集め、投資の実行をするビークルだとすると、NPO法人ARUN Seedは、この社会的投資の普及啓発、調査研究、人材育成などを担当し、裾野を大きくしていくという機能的な役割を担うという。

それでは、長沼君の1枚目の名刺と2枚目の名刺、それぞれの棲み分けはどうなっているのか。

「今の勤務先はいくつか事業をやっているのですが、私は教育研修セミナーの部隊にいます。主に新入社員研修・管理職研修の業務に従事していますが、たまたま私はここ2年ぐらい新規事業系の担当もしており、ARUNの活動からもヒントが得られるだろうと思っています。まだ具体的に、これ！　といえるものがあるわけではないですが、本業で新規事業を考えるときに、社内の知見や意見だけでは斬新なものは生まれないという気持ちを直感的に持っています。本業のほうでセミナーなどを運営しているので、ARUNのイベント業務もそのスキルを活かせます。投資に詳しいパートナーがいる一方、私は別の強みを活かせたら、と思っています。

基本的に平日の日中は1枚目の名刺のほうがメインとなります。もちろん毎日5時に帰れるわけでもないので、遅くなるとARUNの業務は夜にメールチェックして返すぐらいです。本業が忙しいので今日は行けませんとか、そんなときもあります。2014年4月からディレクターという立場になったので、半日ぐらいは毎週の週末をARUNのための時間としています。各種フォローアップや宿題も出るので、抱えたものを土曜日の夜とか日曜日とかにやっています。本業と2枚目の名刺を完全に切り替えられる人もいると思いますが、私はちょっとずつ両方のことが頭に残っているタイプです。ただ時間の線引きは必須だと思っており、業務時間外や週末がＡＲＵＮに割く時間になります。ただ、それぞれ仕事量が多い時期もありますので、うまく自分の時間をコントロールする必要があります」

長沼君のＡＲＵＮという2枚目の名刺ホルダーとしての活動は、本業の会社からどう見られているのか。業務執行社員となるとＡＲＵＮの定款に名前が掲載される。会社に打診してみたところ、報酬がない点の確認と、「倫理的に情報をしっかり分けて活動する」という一筆を書くことで進められたそうだ。

このように、2枚目の名刺ホルダーを奨励、容認するような会社がどんどん出てくることを期待したいと思う。きっと今後、このようなケースがたくさん起こってくることが予想されるため、日本の会社側にはいろいろな整備をする必要があるだろう。もちろん、その整備自体が実は会社の魅力になるのである。例えば、アメリカン・エキスプレス社は、社会貢献活動にかなりの資金を投じている。現在も、日本のＮＰＯリーダーたちを育成するために、毎年多額の支援を行っている。育成した彼らに将来、自社のカードを持ってもらいたいがためではない。また、単純にアメリカン・エキスプレスはいい会社だという社会的認知を短期的に上げるためでもない。

こうした社会貢献活動はむしろ社内に向けて行われている側面が強い。「自分たちの会社は社会に貢献している」という誇りを社員にもたせ、さらに優秀な社員を採用するためである。繰り返しになるが、世界では人材を巡るシビアな争奪戦が続いている。２枚目の名刺を持たせる勇気のある企業は、その勇気故に人材を惹《ひ》き付けるのである。

第5章　「2枚目の名刺」を使いこなす10の方法

さて、ここまで「2枚目の名刺」の事例をいくつか紹介しながら、「2枚目の名刺」がビジネスを変え、働き方を変え、社会を変え、自分自身を変え、未来をよりよいものに変える可能性について述べてきた。

「2枚目の名刺」は誰にでも始められる小さな一歩かもしれないが、しかしその小さな一歩が停滞感のある日本社会にとって大事なカギを握っていると思う。その論点を10にまとめてみた。

1 まずは「2枚目の名刺」を持ってみる

自分の可能性を諦めないために、まずは「2枚目の名刺」を勧めたい。90年代のバブル崩壊から続いた「失われた20年」。その間、一人当たりのGDPは世界第3位から24位にまで低下し、日本製品もさまざまなパラダイムチェンジの前で競争力を失ってきた。パソコン・

半導体・液晶テレビなどはモジュラー化によって垂直統合型から水平分業型のビジネスになり、携帯はスマートフォン一色になった。多くの世界ランキングで、日本はそのポジションを徐々に落としている。人間の常として、窮地に陥ると自分の弱点ばかりが目に付く。しかし、苦しい時こそ自分たちの強みをしっかり認識しないと前には進めない。

そう考えると、わが日本国は他国と比べて、まだまだ豊かな国であることは間違いない。教育を受ける自由、職業選択の自由、恋愛の自由、住みたい場所で安全に暮らす自由。もちろん、拡大する格差や悪化する財政基盤など問題がないわけではない。しかし、本気で実現したいと思えばきわめて可能性の高い国である。自分で選択できる自由、これが人間にとって一番の豊かさだ。その可能性はいま世界にあって最高水準にあると思う。にもかかわらず、残念なことに、その自由という権利を放棄している人が多すぎるのではないだろうか。

本書でみなさんに伝えたいメッセージを、ストレートにいうならば「どうせ1回しかない人生、もっと愉快に生きようぜ！」ということだ。せっかく日本は豊かになり、世界がうらやむ安全や自由度を手に入れた。その割には、みんなつまらなく生きすぎていると思う。自分で自分の自由に枠を嵌《は》めている、いわゆるメンタルロックを自分で掛けているとしか思えない。誰も「そんな事をしてはいけない」、「そんな自由はあり得ない」、「そんな楽しい事は長続きしない」などとは言っていないにもかかわらず、自分で箍《たが》を嵌めているのだ。だから、もっと愉快な人生を送るための一つの手段として、2枚目の名刺を持つことをすすめたい。

まずは、なんでもいいから2枚目の名刺をつくってみよう。最初は実体が明確になっていなくてもいい。例えば、コピーライターなど自分が本業以外にやってみたいと思っていた仕事の名刺、自分が続けている趣味の名刺、応援したいNPO団体の名刺など、何でもいい。考える前に跳ぶ。新しい名刺を誰かに渡すと、きっと「へえ、この名刺で、いったい何をしているのですか?」と聞かれるだろう。そのときにまだ実体がないと答えられないから、そのための勉強と行動を始めることとなる。**実体をつくってから名刺を持つという循環ではなくて、名刺を持ってから実体をつくるのは楽しい。**準備がまだできていないから、ちゃんと整ってから、と躊躇《ちゅうちょ》していたら一向に動き出せない。

これまで紹介してきた2枚目の名刺ホルダーたちは、活躍のフィールドは違えど、みな素晴らしい活動をしているし、人並み以上の努力もしている。しかし、彼らの共通点はとても単純で、**自分の意思で2枚目の名刺を持った**ということに尽きる。

読者諸氏にとって、彼らの活躍ストーリーの部分だけを読むと、特別な能力を持ったスーパースターのように映るかもしれない。「これは特別な人だからできたことであって、こんなこと自分にできるわけない」とハナから諦めるかもしれない。しかし、真実は能力にあるとは思えない。要は、やったか、やらなかったか、なのである。誰にでも出しきっていない潜在能力が隠れている。それを発揮する行動に出るか、出し惜しみしたままでいるか、その違いだと思う。忙しいことを言い訳にして、動きだせずにいる人は多いが、２枚目の名刺ホルダーたちは、何とかして時間をひねり出して、自分のやりたいことに挑戦していく。最初は大変かもしれないが、それが好循環し始めると、実は人間誰しもとんでもない能力を発揮できる。

２０１０年に、ノーベル化学賞を受賞した根岸英一《ねぎしえいいち》教授。その根岸教授が１９９６年に発表したリポート、『発見の条件』に興味深いことが記されている。10項目にわたる、発見のための条件が書かれているのだが、その1番目の項目が「セレンディピティ」だった。

「セレンディピティ」とは、「偶然をとらえて幸運に変える力」と解されている。どんなことでも発見すること自体は偶然かもしれないが、その偶然に巡りあう機会があっても、それを活かすかどうか、その対応の仕方が肝心である。偶然は本来、誰にでも訪れるものだ。しかし、いつも頭のどこかで偶然に会える可能性を考え、見つけようとする気持ちを持って、見つけるための努力をしていないと、それが幸運に変わり得る偶然であると気づくことができない。強い意志と不断の努力がなければ、幸運をもたらしてくれる偶然とは出会えないのである。「幸運の女神に後ろ髪はない」とはよく言ったもので、先回りして前髪を捕まえる気概である。

世の中には、合理的には説明できない成功体験はいくらでもある。しかし、**一番大事なのは、結局のところ行動したかしないかだ。**

その裏返しとして、「**転んだやつを笑わない**」という気持ちを日本人全員が持つという価値観が欲しい。ただ座っているだけなら、誰も絶対に転ぶことはない。転ぶということは歩こうとした結果なのである。大体において、じっと座っている人間ほど転んだ人を見て笑うものだ。失敗しようが、人に叩かれようが、一歩踏み出した人が転んでも、われわれは感謝こそすれ、絶対に笑ってはいけない。そういう意味を込めて、転ぶことを恐れずに「2枚目の名刺」を持って、愉快な人生を見つけるために歩きだそう。

２　月並みだが大事なのは「志」

２枚目の名刺の持ち方は、副業、週末起業、形態はなんでもいいと思う。しかし、どうせやるなら、継続できたほうがいいし、一人でも多くの人を幸せにしたほうがいい。その意味では、自分の好きな分野で挑戦したほうが頑張れると思う。ここで、日本元気塾の塾生だった白星製靴代表・星野《ほしの》俊二《しゅんじ》君の話をしよう。

星野君は今、「いつかサルヴァトーレ・フェラガモを超える！」という夢を持ち、ミャンマーを拠点に「靴づくり」をしている。フェラガモが注文靴の元祖として業界のトップに立って以来、注文靴業界ではイノベーションが起きていない。彼は新しい技法によってフェラガモを超えんとしているのだ。

彼は子どもの頃から手を動かして何かをつくるのが好きだったのだが、両親は安定性を見込んで公認会計士になることを強く勧めたそうだ。「なるほど」と親の意見に従って公認会計士試験に合格し、彼は大手監査法人に勤務していた。傍《はた》から見れば順風満帆のエリート社員生活を送っていた星野君だが、彼も偶然日本元気塾のチラシを見つけて入塾してきたのだった。もやもやとした時間のなかですごしている自分を、何とかして覚醒させたかったのだろう。

星野君は日本元気塾イズム「自分の人生は自分でつくるべきだ」に完全に感染する。卒塾課題を探すうちに、自分が本当にやりたいことが何だったかを考え始めたのだった。ある日、彼が電車に乗っているときにハイヒールを履いた多くの女性の足がとても痛そうであることに気づく。その疑問を実際に数人の女性たちにぶつけてみると、「痛いのは当然でしょ。痛くないハイヒールなんてあり得ない」という答えが返ってきた。ただし、5万円以上する高級靴を履くとそれほど足は痛くないのだという。しかし、それ以下だとハイヒールというものは痛いのが当然なのだと。「それはおかしい」。ここから、彼の2枚目の名刺の活動が始まっていく。

星野君は監査法人で公認会計士の仕事を続けながら、浅草橋の靴屋の門を叩き、靴づくりの修業を開始する。そして1年半後、「米倉先生、僕、監査法人を辞めて、ミャンマーに行くことにしました」と言いだした。彼なりにいろいろな調査研究をした結果、自分が目指す性能、デザインの靴を安いコストでつくるためには、ミャンマーしかないというのが彼の結論だった。

公認会計士を続けていれば、サラリーもたくさんもらって安定的。ただし、好きなことでないと自分のモチベーションは続かない。親から勧められてスタートした公認会計士人生からスピンアウトして、星野君は今ミャンマー現地で職人を一人雇い、頑張ってビジネス基盤を創っている。そして、自分がこの業界を新しく進歩させるという素晴らしい志を持っている。手を動かして何かをつくることが好きだから、その仕事が肌に合って実に楽しいという。自分は何のためにこれをやりたいのか、何のために生きているのか、何を社会に還元したいのかということが、**自分の好きな分野のベクトル線上にあると、モチベーションを継続できるし、予想以上の大きな力を発揮できる。**

「悩むより、まず２枚目の名刺を持ってみよう」と書いた。そうは書いたが、その裏に自分はなんのために生きていて、本当は何をしたいのか、そこを決めていないと、２枚目の名刺はただの紙切れに過ぎない。後付けでもいいし、小さなことでもいい。志の在りかを真剣に考えると、実はそこに根が張れる。枝振りがいいと思える人は、実はいい根を持っている。

そういう意味で、志とは自分の人生を支えてくれる根といえるだろう。

根がしっかりしていないと、水が変わったり、関心が変わったり、流行が変わったりしたときに、きれいだった葉っぱもパラパラと落ちてしまう。いくら見映えのいい2枚目の名刺を持っていたとしても、継続することは難しい。もちろん、儲かりそうな副業という動機で、2枚目の名刺の活動を始めても構わない。しかし、儲かればいいだけなら、その活動は長続きしない。なぜなら、儲からなくなった瞬間にその活動を続けられなくなるからだ。やはり、「自分は何が何でもこれをやる」という利他の精神と、高い志があったほうがいい。

インターネットビジネス大手・GMOインターネット会長兼社長の熊谷正寿《くまがいまさとし》君が、会社がどんどん成長していたときにこうぼやいていた。いい人材を集めようと奔走したときの反省の弁だ。「米倉先生、やっぱりお金で集めた人材はダメですね」、「どうして？　いい人材が来ただろう」、「そうなんですが、お金で集めた人材は結局お金で他社に引き抜かれていく。だから、事業と志に共感してくれた人しか採らないことにしました。その関係は強い」。

2枚目の名刺を持っても志がなければ、すぐに次の名刺、次の名刺となっていき、結局同じ所をくるくる回っていることになるだろう。自分自身を豊かにする2枚目の名刺にはやはり志が大切なのだ。

3　「スキル」とプロフェッショナリズム

　これからの時代、カリスマ的リーダーはもう要らないと思っている。そんなリーダーの替わりに今必要とされているのはプロフェッショナルだ。例えば、政治をするなら政治のプロ、ビジネスならビジネスのプロ、農業ならば農業のプロ、蕎麦《そば》打ちならば蕎麦打ちのプロ。僕はプロフェッショナルという言葉が好きだ。どんな分野でもその仕事を完璧にこなすというニュアンスに信頼性がある。各自が自分の仕事をきちんとやれば、それが大きな力へとつながっていく。街を綺麗にしたいならば、まず各人が自分の家の前を綺麗にする。そうすれば、街は確実に綺麗になる、そんな感覚だ。

　プロフェッショナルのコアはスキル、どこに行っても、どんな場面でもその分野で堂々と戦うことができるスキルだ。第４章で紹介した蛭間君のケースでは、防災とサッカーというコアスキルが活かされた。遠藤君の場合はコンピュータ・サイエンティストあるいはエンジニアとしてのスキルが武器だ。「何でもできますよ」と言う人は「何もできない」ことが多い。**「何ができるの」と聞かれて、「これならできます」、「おお、じゃあやってもらおう」。そんな強いスキルを持っていることが大切だ。**

そのスキルを活かすのはどこなのか。それは自分が勝てるあるいは好きなフィールドに限る。そこでは、言われたことを言われたままに提供するのではなく、期待以上のかたちにして提供できるはずだ。要望に対して、それ以上の付加価値をつけることができるのもプロフェッショナルだと思う。

カリスマ的リーダーのいる組織は一見強そうに見えるが、その人が抜けてしまうと組織崩壊が起きやすい。これからの組織にはカリスマを育てカリスマに依存するのではなく、プロフェッショナル・スキルのレベルを向上させ、そのスキルの持ち主たちがチームとなるような仕組みの構築だと思う。かつて、日産のカルロス・ゴーンさんに「組織と個人」のどちらが重要かという質問を発したことがある。心の中では、「どちらも重要だ」といった中庸な返事が返ると思っていたのだが、意外にも「個人だ」という答えが返ってきた。しかし、真意は個人重視の組織観ではなく、「強い個人が集まらなければ、強い組織は創れない」というものだった。なぜ意外だったのかというと、「われわれ日本人は、一人ひとりは弱いかもしれないが組織になれば強い」と思い込んでいたからだ。しかし、弱い個人が集まったチームは強い個人が集まったチームに絶対に勝てない。ゴーンさんは強いチームの本質を語っていたのだ。そろそろ僕たち日本人も強いプロフェッショナルが集まったチームの一員として生きる道を模索しなければならない。

プロフェッショナルとしてのコアスキルを磨いていくと、その多重利用が可能となる。エディス・ペンローズという経済学者が述べているように、蓄積された資源の多重利用が企業の多角化の原資である。同じように、蓄積されたコアスキルは実は2枚目の名刺の原資となっていく。法務、経理、営業のプロならば、どのNPOでも喉から手が出るほど欲しい人材だ。プロボノとしてそのスキルを違う組織で利用するのは人生の多角化戦略である。

人生の多角化は危機に強い。毛利元就の「三本の矢」の故事ではないが、「1本の矢は折れやすい」。会社勤務をしている場合、たまたまソリの合わない上司に当たってしまうこともあれば、意に染まぬ人事異動もある。打ち込んできた仕事であればあるほど、その時のショックは大きく、心が折れることもある。しかし、週末起業をやっていたり、NPOの活動に参加していたりすれば、1枚目の名刺の危機やモチベーションが低下した時に、自分の心を強く維持することができる。

にもかかわらず、いまだに学生たちの関心は就職ではなく就社の様相になっている。「とりあえず大企業に入りたい」とか「有名企業に行きたい」という志向が強く、「マーケティングのプロになりたい」とか「経理の仕事をきわめたい」という答えはなかなか返ってこない。しかし、就社ではその会社がなくなってしまったら、その先がない。職に就く就職ならば、プロとして生きていける。「この職で社会・会社に貢献する」、「その道のプロを目指す」というプロフェッショナル意識がますます大事になると思う。

4　時々「チェンジ・オブ・ペース」

「チェンジ・オブ・ペース」。時々人生や生活のペースを変えてみることは、しなやかに、したたかに生きるには大切な技だ。忙しい現代では、毎日の行動が固定されたルーティンに陥り易い。そうなると視野も狭くなり、人生の色彩が限りなく灰色に近づいていく。そんな時はペースを変えることだ。その手段は意外に身近にある。

自著『ジャパニーズ・ドリーマーズ』で、通勤時に一つ前の駅で降りてみようと書いた。異なる風景、人の流れが違う場所を歩くと、肌がつかんだ生の情報に敏感になれる。簡単だが、誰にでも出来る方法だ。あるいは、自分に時々投資してみることも重要だ。それは単に、自己啓発研修や資格取得といった投資だけではない。例えば、小さなご褒美でゴルフクラブの買い替えでも構わない。昔、大学院生にゴルフ部だった社会人学生がいて、「上手くなりたいならば、時々クラブを変えたほうがいい。できればなるべく高価なクラブに」という持論をもっていた。その根拠は、いいクラブを使うとゴルフが上手くなるという単純なものではなかった。普通アマチュア・ゴルファーは月に1〜2回しかゴルフに行かないため、そもそも上手くなるはずがないという。しかも、いつも同じクラブを使っていると緊張感がなくなり、漫然とゴルフをするようになる。ところが、クラブを変えてみると「自分は自分に投資をした」という意識から、一打一打を大事に打つようになる。実はそれだけで、スコアが多少は上がっていくというロジックなのだ。なるほど、おざなりのルーティンを変えることの重要性を指摘している。その意味では、大学院に通ったり、資格試験をとることも、マンネリ化した自分のペースを変えるという意味で重要なのだ。

同じように、会社一辺倒の生活から離れて2枚目の名刺を持つのも「チェンジ・オブ・ペース」だ。2枚目の名刺で、自分は世の中でどんなポジションにいるのかなど、自分の本当の市場価値が見えてくる。NPOにプロボノで参加してみれば、自分がやれると思っていたスキルの汎用性が分かる。勇気があるなら、ヘッドハンティング会社に依頼して、自分が置かれている業界でのポジション、強みや弱みを教えてもらうのもいい。

僕はたまに一橋大学を離れ、別の大学や公務員1年生のための勉強会講師なども引き受ける。別の大学の学生や、ビジネスパースン、さらには公務員に講義をすることで、自分の力量を測ること自体が面白いし、自分に足りないことを知るためのいい機会にもなっている。

２枚目の名刺を持つことは、自分の人生を改めて考えてみることにつながる。自分のポジションが分かれば、残された人生で、本当にやるべきこと、本当にやりたいことが鮮明に浮かび上がってくる。

自分を成長させる勉強は、何歳から始めても遅くはない。欧米では、大学院の位置づけはプロフェッショナルスクールである。大学を出てすぐに働いても、本当に自分に必要な勉強が分からない人が多いのは世界でも同じこと。僕自身も、大学生時代にまったく意味がないと思っていた中国古典の授業も、社会人としての経験を積んでいく中で「もっとやっておけばよかった」と反省した口だ。学びたいことが思い浮かんだのなら、すぐに大学院とはいわずとも身近なカルチャースクールでも探して出かけてみればいい。そんな場所には、思いを同じくする素敵な仲間がいる可能性が高い。

会社という組織は、基本的に同じようなカテゴリーの人材を集めている。そういった場所にじっとしているよりも、大学院や生涯教育のクラス、ＮＰＯ、そして宣伝するつもりはないが日本元気塾など、新しい出会いと刺激を求めて外に出ていくべきだと思う。同じような思い、志をもった人と出会える場所であれば、共通言語が多いから話が早いし、持っている思いもどんどん深まる。話がどんどん弾む場所を探してみることだ。

5 1枚目の名刺でポジションを築く

２枚目の名刺を持つために、本業で在籍している組織ともめたり、評価を下げたりしては本末転倒だ。ここまでは、外に出て行く話を中心にしてきたが、会社の中での評価・ポジションをきちんと取っていることも大事だと思う。「あいつ、会社の中では使えないから、外でフラフラしている」と言われるようでは、外に出ても信用されない。やはり会社の中でも2枚目の名刺のおかげで、いきいきとして働いているし、新しいアイデアも出るし、プレゼン資料の出来もいい、そんなプラスの影響を与えるような働き方をするべきだ。

そもそも、本業をないがしろにすると、外でもまず結果は出せない。いずれにせよ、自分自身が置かれている環境のなかで、抗《あらが》うことは得策ではない。**組織に縛られるな、とよく言われる。そのマインドは大切だが、組織とムダな軋轢《あつれき》が生じると本来自分がやれるべきこ**

とが阻害されかねない。どうしても妥協できないことと、自分の面子《メンツ》の問題程度のことはしっかり見極めて闘う時と場所を選ばないようでは、2枚目の名刺は有効活用できない。

『えんぴつの約束』という本がある。発展途上国に250校くらいの学校をつくったNPO「ペンシルズ・オブ・プロミス」の創業物語である。同NPOの創始者アダム・ブラウンはペンシルヴァニア大学の学生時代、途上国を旅するなかで貧しい子どもたちに「何が欲しい？」と聞いて回っていた。「鉛筆が欲しい。鉛筆があれば勉強ができるから」という答えが多く返ってきたことに驚く。車、ステレオ、カメラ、携帯などを超えて圧倒的に「えんぴつ」が多かったのである。

その経験を基に、彼は「ベイン・アンド・カンパニー」というアメリカでも指折りのコンサルティング会社で働きながら、NPOを立ち上げて途上国における学校づくりをスタートしたのだった。彼も2枚目の名刺ホルダーだった。ベインでは厳しい上司にいじめられることもあった。大切なNPO活動の寄附集めパーティの日に限って、上司は山のような仕事を命じたりした。彼は、ここで負けては意味がないと、必死で時間をやりくりしながら、会社の仕事を120％やり通した。このストーリーが、彼の2枚目の名刺をさらに輝かせることになる。

会社に抗っても意味がない。その機会をどう捉え、どうやって克服するか。まずは自分がいま居る場所で結果を出す。そこが大事なポイントだと思う。

6　2枚目の名刺は社内でもつくれる

NHKの番組「クローズアップ現代」にコメンテーターとして出演したとき、「社内ベンチャーは甘さがあって今までダメだと思っていましたが、今の時代ならありかもしれない」という話をした。これまで多くの企業が社内ベンチャーを立ち上げてきたが、成功例は少ない。その理由は、ダメだったら元の職場に戻ればいいという甘さの中で、真剣に腹が括《くく》れていないからだった。

「本当にこれは面白い、寝食忘れてもやりたい」ということではなく、ちょっとしたアイデアをベースに会社のインフラに乗っかってチャレンジしてみよう程度の腹の括り方ではダメだと思っていたのだ。最近までは、「ベンチャーに挑戦するなら会社の庇護などあてにせず、外に飛び出して不退転の覚悟でやれ！」というのが僕の主張だった。

しかし昨今、インターネットなどの優れたＩＣＴツールの爆発的な普及によって、時空間に想像以上の余裕が出てきた。電子メールやグループウェアを使えば、どこにいようとこれまでの半分以下の時間で仕事をこなしていける。さらには、組織の枠を超えて協業することもきわめて容易になった。そんな状況が訪れた今、不退転の決意ではなくても気軽にアイデアを持ち寄って、とりあえず社内ベンチャーで試してみるというかたちも、頭から否定することはないと思うようになったのだ。社内にはベンチャーにはないさまざまな経営資源が眠っている。その上、社外のリソースも十分に使えるとなれば、社内ベンチャーも自分の夢を叶える重要なツールとなっていると思う。

もう一つ、社内ベンチャーという仕組みが機能するかもしれないと思う理由は、大企業自体が、もはやまったく安泰ではない時代になったからだ。会社側にも社内資源をオープンに開放し、大きな自由度を社員に与えて新規事業を担当させたほうが合理的だという追い風が吹いてきている。その傾向を裏付けるように、大企業の経営資源とベンチャーマインドを持った中小企業・ベンチャー企業家たちのアイデアを結びつけるオープンイノベーション・イベントが盛んに開催されている。

新しいことに挑戦する以上、残念ながら失敗はつきものだ。「失敗を恐れるな」、「向こう傷は問わない」という会社は結構多い。しかし、失敗を担保する仕組みを構築している会社は少ない。失敗から学べる方法論はある。ポストイットで有名な3M（スリーエム）という会社では、失敗を許容することが組織文化だとされている。さらに、15パーセント・ルールといって自分の予算と時間の15パーセントは自分の夢に使ってもよいという決まりまである。きわめて寛大な企業だが、成功にせよ失敗にせよその原因とプロセスは記録として書き残しておく義務があり、それは社内に公表回覧されることとなっている。このプロセスを書き残すというルールは2つの意味で失敗確率を低くする重要な方法なのだ。

まず、新たな挑戦の軌跡を書き残し、それが後には公開されるとなると、誰でも慎重に事を進めるようになる。ここで失敗の確率が低くなる。さらに、過去の失敗プロセスが記述され、組織に蓄積されているならば、それは立派なナレッジ・バンクになるということだ。次代の挑戦者が新規事業に挑戦する前に、過去の成功例はもちろん失敗例を知ることができれば、新規事業の成功確率は確実に上がる。過去の失敗を記録し社内で共有する仕組みがあれば、組織は不必要な失敗を繰り返さない。もちろん、「あれもやった、これもやった」というチャレンジの数も大切だとは思う。しかし、その結果はどうだったのか。これに明確に答えられない組織は未来というフィールドで勝つことはできない。

したがって、社内ベンチャーへの参画も2枚目の名刺の始め方の一つといっていいだろう。それ以外でも、社内の兼職、兼務を奨励したい。例えば、営業部に在籍している人が、企画部の仕事を兼務するというのも面白い。営業現場で知った情報を企画部に持っていき新商品開発のアイデアを考える。それも2枚目の名刺の一つだ。ただし、人が足りないから無理やり兼任させられているというケースはその範疇ではない。それは、モチベーションを下げる結果にしかつながらない。

第2章でも述べたように、**優れた人材が一番大事にしているのは自由、次にくるのが義理人情だ。**自由度のある組織であれば、人材は最大限の力を発揮する。そして、必ず恩返しをしてくれる。その人間観こそが新しい組織の根本原則のような気がする。

7 2枚目の名刺の中心は時間のマネジメント

さて、2枚目の名刺を持つなら、1枚目の名刺＝本業以外の時間のやりくりをしっかりと考えなければならない。一日24時間、これは誰に対しても平等に与えられたものである。時間はお金と違って、増やすことも貯めることもできない。最低限の睡眠時間、食事の時間も確保しなければならない。ちなみに第4章で紹介した蛭間君は、睡眠時間を削りながら、2枚目、3枚目の名刺の活動を続けているそうだ。彼のやり方をすすめるわけではないが、この限られた時間をマネジメントすることこそが、2枚目の名刺を有効活用するための中心課題といえるだろう。

ピーター・ドラッカーは、『経営者の条件』の中でこう教えている。「成果を挙げる人は、仕事からではなく、時間からスタートする。計画からもスタートしない。まず、自分が何に時間がとられているかを知ることからスタートする。次に、時間を奪おうとする非生産的な要求を退ける。そして、得られた自由な時間を大きくまとめるのだ」と。そのうえで、さらに頭を使わなければならないと続ける。「時間の使い方を知っている人は、考えることによって成果を挙げる。行動する前に考える。繰り返し起こる問題の処理について、体系的かつ徹底的に考えることに時間を使う」。

ドラッカーの教えを2枚目の名刺を有効活用させるために使うならこう考えよう。会社のためにやっていることが自分のためになり、自分のためにと思っている2枚目の名刺の活動が会社のためになる。1枚目と2枚目の名刺、２つの活動が有機的につながり、相乗効果を生み出している。そんな状態をつくり出す方法を考え、実践してみる。これも一種の時間のマネジメントであり、自分という経営資源の多重利用である。

例えば、世の中の人をひきつけるブランド。認知度が高い人気ブランドは、一つの商品だけでなく、いろんな商品に使われている。バブルの頃は、フランスの高級ファッションブランドのロゴがついたバスタオルやトイレのスリッパなどが日本中の家庭で使われていた。ここまで行くと、ブランド価値の毀損《きそん》につながるので注意が必要だが、これも経営資源の多重利用のひとつだった。「自分ブランドをつくろう」と盟友・藤巻幸大はよく言っていたが、確かに自分のコアスキルの上にブランドが確立されると、多方面からの要請も多くなり、コアスキルの多重利用が一気にやりやすくなる。ブランド力は、大きな巻き込み力をもたらしてくれる。

会社からは「2枚目の名刺を持つようになってから、すごく仕事ができるようになった」と評価され、2枚目の名刺のNPOからは「あの人が手伝ってくれたから、運営がスムーズになった」と評価される。そうなれたとき、その2枚目の名刺ホルダーは、自分の仕事とスキルに自信が持てると同時に人を巻き込むブランド力を手に入れることができる。限られた時間を有効活用して、頭を使い、自分らしい2枚目の名刺をつくってほしい。

効率よく時間を使う前に、「時間がない」と諦めるのは理由にならない。2枚目の名刺ホルダーの基本能力は時間のマネジメントなのだ。

8
ソーシャルメディアを有効活用する

２０１０年にチュニジアから始まったジャスミン革命は、エジプト、中東に飛び火し、さらに中央アジアから香港、台湾にまで瞬時に波及した。民主化への大きな流れとなったジャスミン革命だったが、これら一連の動きには革命的リーダーは存在していない。その代わりに、フェイスブック、ユーチューブ、ツイッターなどの「ソーシャル・ネットワーキング・サービス」（ＳＮＳ）が情報発信に起爆剤的な役割を演じたことで、別名「ＳＮＳ革命」とも呼ばれたわけだ。今の時代、小さな一人ひとりの力が積み重なり大きくなると、ものすごい破壊力を生み出す。インターネットの普及とテクノロジーの進化が、創発的破壊への動きを加速させ、ビジネスの在り方も大きく変えようとしている。

いま、アウトドア愛好家ばかりか普通の若者の間で大流行しているのが「ゴープロ

（GoPro）」というビデオカメラだ。液晶モニター、ズームや手ぶれ防止機能などがついているわけではない。ただ単にいかなる衝撃や悪天候にも強いという四角い変哲のないビデオカメラだ。開発したのは、サンフランシスコに住むサーファー。彼は自分がサーフィンをする時の過酷な状況下でのビデオ撮影を可能にすべく、余分な機能をいっさい排したこのビデオカメラを製作した。尖《とが》った愛好家１０００人が買ってくれればいいだろうという発想だった。しかし、この尖り具合が受けて、登山、スキー、動物観察など、あらゆる冒険家たちが愛用し、そのカッコ良さに惹かれて冒険をしない多くの若者たちがファッションアイテムとして購入しているのである。このヒットの背景にはＳＮＳの進展がある。ゴープロ愛好者が撮影したエッジの利いた映像（サーフィンシーンはもちろん、ワニや白熊の口の中）がフェイスブックやユーチューブを通じて世界中に流れ、多くの若者の目に触れることとなった。大した宣伝もせずに、ゴープロは世界中に知れわたったのである。

　同じようにセレボ（Cerevo）という小さな家電メーカーがある。同社を創業した岩《いわ》佐《さ》琢《たく》磨《ま》君は、パナソニックに勤務していたときに無線ＬＡＮ搭載のデジタルビデオカメラをつくりたいと考えた。撮った写真は全自動でクラウド上にアップされ、しかもカメラ単体でUstreamなどへのライブ配信ができる世界で初めての商品だった。

事業部長に「こんなものをつくりたい」と提案した岩佐君。「何台売れる？」「1000台くらいでしょうか」「俺たちは7兆円の会社だ。もっと万人が買う商品を考えろ！」といったやり取りがあったそうだ。確かに、何万人の固定費を抱える大手家電メーカーでは、彼がつくりたいようなユニークでニッチな製品はつくれない。結局万人受けするために、ズームや手ぶれ防止機能などを次々に付け加えるうちに、エッジの利かないどこにでもあるような商品になり、売り上げも伸びないという悪循環に陥るのである。

それで彼は、起業して小さなメーカーを立ち上げたわけだが、彼の背中を押したポイントとして、ハードウェアベンチャーに対する周辺環境が整い始めていたことが挙げられる。例えば、組み込み用のオープンソース・ソフトウェアが使えるようになり、複雑なソフトを以前よりも安く早く開発できるようになった。３Ｄプリンターの普及により、簡単に試作品がつくれるようになった。また、小ロットでも製造を請け負ってくれるＥＭＳ（電子機器の受託生産を行うサービス）業者が増えてきた。ハードウェアベンチャーを支援するベンチャーキャピタルも出てきはじめた。さらにＳＮＳを通じて、人材採用もやりやすくなってきた。ＥＣインフラやＳＮＳの発展で、日本ばかりか世界に向けて簡単に安価に宣伝、直販ができるようになっているのだ。

今の時代、1000人の尖った人たちの心に突き刺さる商品をつくることができれば、世界の50ヵ国の同じように尖った人たちの心にも突き刺さる。そうすると、単純計算で5万台の売り上げが見込める。実際にセレボの商品は、そうやって世界各国で売れている。

ソーシャルネットワークは、同じ興味を持っている世界中の人に、今まではあり得ないような短い時間とコストで尖ったメッセージを届けることができるツールとなった。無料で使えるフェイスブック、ツイッター、ユーチューブ、スカイプなどを利用すれば、世界中どこにいても会議やコミュニケーションすることが可能だ。そういった意味でも、ITは、ものすごいビジネスチャンスをもたらしている。「そんなことができるのは一握りの企業家だけでしょう」と諦めてはいけない。少し勉強すれば、誰でも必ず使いこなせる技術なのだ。あとは、100人の心に突き刺さる何かを探し当てればいい。そんな2枚目の名刺は、瞬時に大きな共感を呼べる時代になっているのだ。

9　「2枚目の名刺」はいくつからでも遅くない！

「一番若いときはいつか？」という質問をされたとしたら、どう答えるだろう。「12歳、いや18歳くらいでしょうか」と答えるかもしれない。だが、そうではない。いま、この瞬間が一番若いのである。18歳にはどうあがいてももう戻れないから、いつが若いかと問われれば、いまが一番若いのである。さらに「いまが一番若い」と言い終えた瞬間に、もう僕たちは歳を取り始めているのだ。したがって、やりたいことは今すぐやるしかない。思ったときが一番若い、やろうとしたときが一番若い。年齢をやらない理由にするということは、結局永遠に何もしないということだ。

ある雑誌で、東大の柳川範之《やながわのりゆき》教授とウシオ電機の牛尾治朗《うしおじろう》会長が「75歳まで納税者になれる社会へ」を寄稿していた。現代日本においてきわめて重要な提言だと思う。いまの60歳代、70歳代はとても元気だ。もちろん、個人差はあるが、一律に60歳とか65歳で定年退職させて、あとは年金生活をしろといった状況はいかにもおかしい。こんなことが続けば、日本は人口の半分が生産力のない高齢者をわずかな若者が支える国になってしまう。しかも、日本は借金大国の財政破綻国家だ。やはり、75歳まで働ける人は働いて、税金をしっかり納める体制にすることが正しい。これは、年金支給を遅らせるだけでなく、税収を増やすという二重のメリットになる。

75歳まで働くといっても、朝9時から夕方5時までの正規雇用という働き方がすべてではない。色々な形で雇用を創り出す知恵が必要である。オランダと比べると、日本の平均労働時間は年間約400時間も多いことは既に述べた。一日8時間労働として計算すると、我々は50日近くも多く働いているということになる。オランダ、ドイツなどは、みんなが自分の生活に合わせた働き方をして、ワークシェアもしっかり行っている。多様な働き方で、雇用を作り、高いGDPを実現しているのである。ドイツのSAPで働いている友人に聞くと、年度始めに担当部署でまず第一に決めることは、それぞれがいつ休みを取るかだという。有給休暇が年間40日くらいあるそうだが、ほぼ全員がそれを消化するし、そのために仕事の生産性を上げることに必死だという。昔は、だから欧州病に罹《かか》るのだと日本人はうそぶいていた。しかし、第2章で述べたように、ドイツもオランダも一人当たりのGDPでは18位と11位で、日本の24位よりもはるかに高いパフォーマンスを示している。決して欧州病などではなく、ワークスマートなのである。

多くの人が多様な働き方をして、多くの人が税金を納める働き方は、生産性を上げるだけでなく、消費も拡大する。男性一人が朝7時から夜の11時まで働いて経済を支えるという日本の仕組みには既に限界が来ている。専業主婦がカードによる消費を控えるのは、それが亭主の家族カードのせいでもある。しかし、彼女たちも働いて自分自身で口座を開き、自分自身のカードを作れば、その範囲では遠慮のない消費が加速される。経済を円滑に回す基本は消費である。景気対策を名乗ったバラマキよりも、消費を増やす循環をつくっていくほうが絶対に大事なのだ。

さて、そうした社会の実現にとっても、2枚目の名刺は重要な役割を果たす。第二の人生をしっかりと歩むためにも、プロフェッショナルとしてのスキル向上とその多重利用が50歳代以降の人生を豊かにするからだ。しかし、多くの中年日本人はキャリアプランを会社任せにしてきたため、その準備が整っていないというのが実情だろう。だからといって諦めるわけにはいかない。高齢化社会は既に現実のものだからだ。「このままではいけない」、「これではまずい」と思った瞬間に、２枚目の名刺をスタートすればまだ間に合う。何しろ、いまが一番若いのだから。

さて、フランスのパリ。中堅のビジネスパーソンはもちろん商店街の商店主たちもセカンドハウス＝別荘を持っていることに驚いたことがある。週末は郊外に行ってのんびり過ごすのだ。セカンドハウスの効用は消費の循環と拡大にある。消費に関しては、別荘があれば、テレビ、冷蔵庫、食器など、すべてを自宅用とあわせて２セットずつ買うことになる。また、別荘に行けば基本は地産地消、地方経済に色々お金が落ちるようになる。フランスの郊外には小さな町にもしゃれたレストランがたくさんある。パリで稼いだお金がしっかり地方に流れて、消費を循環させているのだ。

日本でも、経産省がセカンドハウス計画を提唱したことがあった。パリのように都市では借家で、地方にセカンドハウスを持って週末に遊ぶという構想だった。残念ながら、「ファーストハウスもないのに何がセカンドハウスだ」ということで、この構想は真剣に扱われることもなく消えていった。しかし、この構想はいまこそ見直されてしかるべき構想だと思う。東京一極集中のなかで東京に持ち家を、という発想自体がもう古い。何とか郊外に家を買って、通勤に1時間以上も使っていたら、生産性も上がらない。中心市街地に小さな賃貸や借家をして通勤時間は極端に減らし、週末には別荘で消費を循環させる経済のほうが健全ではないだろうか。こうした考えは、スプロール化した都市を再び集積のあるコンパクトシティにし、交通渋滞の解消、通勤距離の縮小、エネルギー消費の集約など環境的にもエコシティが実現される。

最近、熊本に行って驚いたことがある。通勤時間が車で1時間という人が多いのだ。熊本もミニ東京をつくってしまったということなのだろう。これでは、一体何のために地方都市熊本に住んでいるのか分からない。しかも、人口減少や地方経済の衰退によって肝心の公共交通機関がなくなり、マイカー通勤が主流になっている。夫用、奥さん用、子ども用と家族一人に1台といった自動車保有率である。マイカー通勤だと飲酒をともなう夜の付き合いもなくなり、暗黙知の共有も進まない。また、街の中心繁華街がシャッター通りになっていく。繁華街がつまらなくなった街になど住みたくないから、若者は地元からどんどん出て行き、地方はますます衰退していく。

これからの地方は、職住学遊をすべて都市の真ん中に集めたコンパクトシティにしていくべきだ。そのうえで、老若男女全員が2枚目の名刺を持ち、広く、薄く働いて75歳まで税金を納めるようになれば、この国は確実にいい方向に変わっていくと思う。

世の中はものすごいスピードで変化し続けていく。チャールズ・ダーウィンが『進化論』において唱えた「適者生存」とは、最も強いものや最も賢いものが生き残る社会ではない。生き残るのは常に変化に適応できるものなのだ。これまでの常識にしばられたままの生活を続けていくものは、必ず淘汰されてしまう。２枚目の名刺を持って、この瞬間から変化し続けること。これからの時代を生き抜くための大切なキーワードである。

10
清く貧しい活動が正しいわけではない

本書は、起業家向けの本ではない。起業家としてベンチャーを立ち上げたいのなら、他の本をお薦めする。ただし、社内ベンチャーをはじめとして会社にいながら事業を起こすことはどんどん奨励したい。自分を会社の中でプロフェッショナルとして確立させ、さらにその資源を多重利用していこうというのが本書の趣旨だ。すなわち、人生の選択肢をもっと拡げて、もっと愉快に生きようということが伝えたいメッセージなのである。

その時に、2枚目の名刺の受け皿としてNPOやソーシャルビジネスが重要な役割を果たすことは既に述べた。なぜソーシャルビジネスが必要となったのかといえば、第1に資本主義が勝ち残ったからだ。資本主義における富を創り出す方法としてビジネスが持っている手法が、いまのところ他のいかなる手法よりも優れているということが明らかになったからである。

第2は、もはやほとんどの国が財政破綻に陥っており、昔のようにふんだんに税金を使って社会的問題を解決していくことが出来なくなったためである。したがって、ビジネスの手法を使って社会的課題を解決するソーシャルビジネスという仕組みの構築が喫緊の課題となったのである。

実は、ソーシャルビジネスをうまく活用し始めたのは、先進国よりも発展途上国が先だった。一方的に資金を送られるだけの国際援助ではなく、個々人の経済的自立ができないと貧困は解決できないことを学び、そこにビジネス手法を使って自立を助けるソーシャルビジネスが生まれたのである。税金や国際援助に代わる仕組みとしてビジネスとして社会問題を解決するこの手法は、援助慣れした受動的途上国の人々に尊厳と誇りを与えて、大きな成功を収めた。

したがって、ソーシャルビジネスは利益を上げて、途上国に自立を促していかなければならない。そもそもＮＰＯは利益を上げてはいけないというわけではない。前述したようにＮＰＯは利益を上げることを目的としない組織形態ではあるが、利益を上げなければ活動の継続を支えることはできない。しかも、利益を上げるのはとても難しいことだから、そこで働く優秀なスタッフにはきちんと給料を払う必要がある。社会的問題の解決という難しい仕事を任せる人材をＮＰＯで活かそうとするなら、その能力に報いるだけの処遇を与えないといけない。そうでないと、優秀な人材が集まってこない。

日本のＮＰＯは悲しすぎる。有名大学の修士を出て、ＮＰＯで頑張っていた男性が、〝寿退社〟するというような話をよく聞く。「ＮＰＯは続けたいのですが、結婚するので、ちゃんとした給料をもらえる会社に就職します」。これはやはりおかしなことだ。

日本のＮＰＯ経営者たちは、給料を上げると批判されるので上げづらいと言う。日本ではＮＰＯのことを慈善団体だと勘違いしていて、それが常識として流布してしまっているからだ。ＮＰＯはチャリティなのだから「清く貧しく生きるべき」、となってしまっている。間違った情報とはいえ、それを彼らの側から変えるのは難しい。だから、優秀な人材がプロボノとして手伝うことで、組織としての水準を上げ、周りからこんないいことをやって実績を上げているのだから、給与を上げるのは当然であるという風潮をつくりたい。

優秀な人こそ、２枚目の名刺をつくり、志を持って彼らを手助けすべきだ。日本の２枚目の名刺ホルダーたちが、ＮＰＯを豊かな組織に変えていったと言われてほしい。そんなふうに２枚目の名刺を使ってくれる人が、この国に一人でも増えていくことを心から願っている。

清く豊かで正しい日本へ向けて。

2枚目の名刺：おわりに

本書は2014年1月6日に放映されたNHKの番組「クローズアップ現代」で特集された「〝二枚目の名刺〟が革新を生む」にコメンテーターとして出演したことに始まる。

この特集では、日産、オリンパス、ソニー、パナソニックという大企業に所属し、しかも東京、横浜、大阪さらにはシリコンバレーなどの広範な地域にそれぞれ勤務しながら、メール、SNS、スカイプ、3Dプリンターを駆使してさまざまなイノベーションを生み出している若者たちが取り上げられていた。具体的には、大手企業に勤めている若者たちが2枚目の名刺で立ち上げたexiii《イクシー》とWHILL《ウィル》という会社に焦点が当てられていた。exiiiは格安で高性能の筋電義手（筋肉から発せられる微弱な電気信号を捉えて機械を駆動する義手）を開発する企業である。ソニーとパナソニックに勤務する彼らが、夜間や週末にスカイプや3Dプリンターを駆使して創り上げた義手は、世界中のエンジニアリング技術を奨励するジェームズ・ダイソン・アワードにおいて全650作品中第2位を受賞し、日本のモノづくりを支援する「Gugen 2013」では大賞を受賞していた。

一方、WHILLはこれまでにない電動車椅子を開発したパーソナル・モビリティ企業で、2011年の東京モーターショーに出品されたコンセプトモデルがその先進性で大きな話題となった会社だ。もともとは日産、ソニー、オリンパスに勤めていたエンジニア、デザイナー、ソフト開発者たちが、夜間や週末に集まって立ち上げた2枚目の名刺会社だった。しかし、電動車椅子を必要とする人たちへの責任体制を明確化するために、いまではしっかりとした企業態になっている。彼らの本社はなんとシリコンバレーに設立され、アメリカのベンチャーキャピタルから資金を集めると同時に、台湾メーカーに出資を仰いで量産化を進めている、小さくてもすでにグローバルなカンパニーなのだ。

この特集で、僕は大企業が蓄積している人的能力の多重利用の重要性を訴えた。大企業には日本のもっとも優秀なる人材が集められている。国内外で多様な実務に携われる彼らは、豊かな経験に加えて高度な知識や情報を有する希有な存在だ。彼らの無限の能力を会社という狭い枠から解放し、多様な分野で多重利用すれば新たなイノベーションが続々と生まれるに違いないと思う。しかも、インターネット、SNS、3Dプリンターなどの新たなツールは、これまで別々の会社に所属し異なる勤務地にいた人々の時間的・地理的・物理的制約を大幅に緩和している。1枚目をもちながら2枚目を有効利用できる社会的環境は整ったのである。だからこそ、未来をひらくイノベーションは2枚目の名刺からだと叫んだのだった。

それを観ていたのが講談社の編集者・新井公之さんだった。新井さんは突然僕にメールを送ってきて、このアイデアを本にして大企業で鬱々としている若者たちを解放しようと言い出してくれた。それればかりではなく、これから社会に出て日本を牽引していこうという若者たちや就職を控える学生たちにも読んでもらい、日本を元気にしようと持ちかけてくれたのである。これは、一橋大学に加えて日本元気塾塾長やプレトリア大学日本研究センター所長（現顧問）など、それこそ「2枚目の名刺」で忙しくしていた僕にとっては素晴らしい企画だった。なぜなら、蓄積された能力を他分野に多重利用して活躍する卒業生や卒塾生をこれまで大勢見てきたが、その効用について考えを纏める機会がなかったからである。その意味で、新井さんは本書成立の原動力だった。

さて、本書執筆の最終段階で、NPO法人「二枚目の名刺」(http://nimaime.com/)という団体がすでに存在していることを知った。また、柳内啓司氏という方が『人生が変わる2枚目の名刺：パラレルキャリアという生き方』という書籍を著していた。本をあまり読まない僕の失態だが、「2枚目の名刺」という構想に思い当たったのは「クローズアップ現代」の特集からであり、NPO法人や柳内氏の著作からヒントを得たものではなかった。団体名を「二枚目の名刺」（2009年設立）と名付けて発足させた代表の廣優樹氏らとお目にかかり話し合うと、お互いエキサイティングな働き方を日本に広めたいという想いを共有していることが分かり、本書も『2枚目の名刺』という書名を思いと共に引き継ぐことにした。

この時、僕の頭をよぎったのは恩師アルフレッド・チャンドラーの経営史における金字塔『組織は戦略に従う（Strategy and Structure）』の成立物語である。

チャンドラー博士は『組織は戦略に従う』の執筆終了段階で、エディス・ペンローズ博士の後に不朽の名作となる『企業成長の理論（The theory of the growth of the firm）』の存在を知った。チャンドラー博士はこう述べる、

「私がペンローズ博士の『企業成長の理論』を読んだのは、本書の草稿を完成させたあとである。ペンローズ博士は、異なるデータや問いかけに基づきながらも、私とよく似た結論にたどり着いている。博士の秀逸な作品は、組織そのものや組織と戦略との関係ではなく、企業の成長に伴う経済性に焦点を当てている。企業の成長に関する博士の理論は、私が本書で展開した定性的な議論に比べて、論理性を深く追求しているが、私の経験的データは博士の

理論を裏づけるものだ」、と。

　1914年生まれのペンローズ博士と1918年生まれのチャンドラー博士、この2人の巨人がお互いに面識もないまま執筆した2冊の名著だが、その基本メッセージは「蓄積された経営資源を多重利用することが多角化の原則であり、企業成長なのだ」という共通のものだった。

　偶然にも（もちろん、スケールにおいても重要性においてもまったく別次元ではあるが）、本書にも同じような状況が巡ってきた。スタイルや取っ付きやすさでは体裁を異にする2冊の「2枚目の名刺」をめぐる著作だが、発信しているメッセージは変わらない。蓄積された知識や情報を多重利用して、人生をもっとエキサイティングに生きてほしいということなのだ。本当に嬉しくなる偶然だった。

　さて、本書の成立にとっては多くの人の助けや支援が必要だった。先に述べた講談社の新井公之さん、執筆を助けていただいた菊池徳行さんはもちろん、日本元気塾を卒塾し、2枚目の名刺で活躍する蛭間芳樹君、南部亜紀子君、星野俊二君、持田幸枝君、村上綾乃君、鈴木亮君、大滝英里君、塩田基君たちをはじめとするたくさんのチャレンジャーたち。彼らの世界を元気にしようという熱い想いと活動は教師冥利に尽きる。さらに、この元気塾プログラムを支えるアカデミーヒルズの熊田ふみ子さん、佐野淳子さん、河上恵理さん、小林幸子さん、伊江昌子さん、大和陽子さん、下川明美さん、斉藤多美子さん、他スタッフのみなさん。

そして最も感謝するのは、僕に数々の2枚目の名刺を許してくれる一橋大学イノベーション研究センターの同僚たちだ。とくに、長岡貞男さん、西口敏宏さん、延岡健太郎さん、江藤学さん、岡田吉美さん、青島矢一さん、楡井誠さん、軽部大さん、北野泰樹さん、Joel Malenさん、清水洋さんには感謝してもしきれない。彼らの寛大な心がなければ、僕の学者生活はどんなに詰まらない灰色のものとなっただろう。さらに、まったくずぼらな僕を支える秘書軍団：小貫麻美さん、森川純子さん、庄司弘子さん、米元みやさん、志水まどかさん、池亀奈津美さん、津田真美子さん、下川明美さんたちには本当に感謝しなければならない。とくに下川さんの生産性支援と先読み能力には世話になった。彼女たちがいなければ、僕の生産性はいまの半分もなかっただろう。

また、僕の音楽活動という名刺を支えてくれる“The Searching Cranburys”のジョナサン鈴木、バート向井、ホーナー宮本兄弟たちにも「ありがとう」を述べておきたい。

多くの方々の支援をいただいたとはいえ、本書にあり得るべく間違いや誤解はすべて著者の責任であることは明記しておきたい。

最後に、本書を明希と一明郎に捧げたい。彼らが何枚もの名刺を駆使してこの無茶苦茶な世界を救ってくれることを祈りたい。

２０１５年４月桜散る春の宵に　　　米倉誠一郎

米倉誠一郎

1953年東京都生まれ。アーク都市塾塾長を経て、2009年より日本元気塾塾長(六本木アカデミーヒルズ)。一橋大学社会学部、経済学部卒業。同大学大学院社会学研究科修士課程修了。ハーバード大学歴史学博士号取得(Ph.D)。1995年一橋大学商学部産業経営研究所教授、97年より同大学イノベーション研究センター教授。2012～14年にはプレトリア大学GIBS日本研究センター所長、また、01年より季刊誌「一橋ビジネスレビュー」編集委員長も務める。イノベーションを核とした企業の経営戦略と発展プロセス、組織の史的研究を専門とし、多くの経営者から熱い支持を受けている。

著書に『創発的破壊 未来をつくるイノベーション』『脱カリスマ時代のリーダー論』『経営革命の構造』など多数。

講談社+α《プラスアルファ》新書 696-1 C

2枚目《まいめ》の名刺《めいし》　未来《みらい》を変《か》える働《はたら》き方《かた》

米倉誠一郎《よねくらせいいちろう》

2015年5月20日第1刷発行

発行者――――鈴木 哲

発行所――――株式会社 講談社

東京都文京区音羽2-12-21 〒112-8001

電話 出版(03)5395-3532

販売(03)5395-4415

業務(03)5395-3615

デザイン――――鈴木成一デザイン室

カバー印刷――――共同印刷株式会社

印刷――――慶昌堂印刷株式会社

製本――――牧製本印刷株式会社

定価はカバーに表示してあります。

落丁本・乱丁本は購入書店名を明記のうえ、小社業務あてにお送りください。

送料は小社負担にてお取り替えします。

なお、この本の内容についてのお問い合わせは第一事業局企画部「＋α新書」あてにお願いいたします。

Printed in Japan

ISBN978-4-06-272899-7